VIES DES HOMMES ILLUSTRES - N° 62

LA VIE D'
INGRES

par

JACQUES FOUQUET

nrf

2e édition

LIBRAIRIE GALLIMARD

PARIS 43, rue de Beaune 1930

LA VIE D'

INGRES

OUVRAGES DU MÊME AUTEUR

(EN PRÉPARATION)

Les Idées des Peintres français du Romantisme à l'Impressionnisme.

THÉATRE

Un homme dans un siècle (3 actes et 12 tableaux).

Un Prince nostalgique (six actes).

PHOTO GIRAUD

PORTRAIT DU PEINTRE PAR LUI-MÊME

(MUSÉE CONDÉ A CHANTILLY)

VIES DES HOMMES ILLUSTRES - N° 62

LA VIE D'
INGRES

par

JACQUES FOUQUET

nrf

2e édition

LIBRAIRIE GALLIMARD

PARIS 43, rue de Beaune 1930

IL A ÉTÉ TIRÉ DE LA PRÉSENTE ÉDITION TROIS CENT SOIXANTE-SEPT EXEMPLAIRES SUR VÉLIN PUR FIL LAFUMA-NAVARRE, DONT DIX-SEPT EXEMPLAIRES HORS-COMMERCE MARQUÉS DE a A q ET TROIS CENT CINQUANTE EXEMPLAIRES NUMÉROTÉS DE 1 A 350 ; SEPT CENT CINQUANTE EXEMPLAIRES SUR PAPIER ALFA MOUSSE DES PAPETERIES LAFUMA-NAVARRE, NUMÉROTÉS DE 351 A 1100.

A ma chère GUNBORG

Si l'on songe aux écarts de son caractère, à la ligne plusieurs fois brisée de sa carrière, M. Ingres a droit à la consécration d'une mode actuelle ; c'est un grand artiste indépendant. Mais si l'on voit l'œuvre peinte et la doctrine écrite, il faut trouver ses limites au grand homme ailleurs que dans un mot aussi vaste et aussi large. M. Ingres était si au-dessus de l'indépendance qu'il accepta les plus grands honneurs. Il devint le chef écouté et assez peu compris d'une partie de l'École française.

M. Ingres a été enrobé par le destin dans un siècle qui n'était pas le sien, et dans une société bourgeoise dont il partagea toutes les vues, hormis sur l'Art.

Que voulait-il ?

Il voulait retrouver une tradition classique, encrassée par de multiples contresens, cette tradition n'apparaissant plus qu'à travers le prisme d'un académisme sans vertèbre.

Dans un long séjour en Italie, M. Ingres qui était un méridional de tempérament devint un Latin, avec toute la richesse de culture que suppose le mot, et toute la forte grâce que les dieux lui ont accordée.

En plein dans la tourmente romantique, un homme

du XIXe siècle est venu s'abreuver et se purifier auprès des Anciens. D'autres l'ont fait aussi, dira-t-on, à la même époque. Oui, mais pas avec la même clairvoyance, la même sensibilité, la même foi, il s'en faut !

Pourtant M. Ingres n'est pas un héros... il s'en faut aussi... On lui trouvera une nature complexe, à la fois bien faible et haute.

En tous cas, en 1930, M. Ingres a le droit de parler, car ce qu'il croyait quelques-uns le veulent encore.

Résumons-le en laissant aux pages qui suivent le soin de l'éclairer : point de liberté sans discipline.

NOTE

La bibliographie sur Ingres est abondante. Il n'est point possible de raconter sa vie sans se plonger dans les ouvrages de Henry Lapauze qui semble n'avoir laissé dans l'ombre rien de ce qui peut être connu.

Un ouvrage sur *Ingres, sa vie, ses travaux, sa doctrine,* d'une compréhension parfaite, a été publié en 1870 par le Vicomte Henri Delaborde.

Il faut laisser à M. Boyer d'Agen l'honneur d'avoir publié une correspondance inédite que nous avons plusieurs fois utilisée.

Mais, pour nous, la source la plus précieuse, nous la trouvâmes dans les notes, les cahiers manuscrits conservés au musée de Montauban que l'actuel conservateur, M. Félix Bouisset, met à la disposition des Ingristes avec une charmante bonne grâce.

On complète utilement ce trésor par les témoignages des élèves ou contemporains d'Ingres : Amaury Duval, Victor Mottez, Louis Janmot, Balze, Flandrin, Jules Laurens, Horace Vernet, Eugène Delacroix. Des journalistes, des écrivains ont ramassé aussi des anecdotes dont la plupart sonnent juste. Une partie du chapitre XV de ce livre (pages 162 à 174) est presque directement copiée sur les *Souvenirs des autres* de Rioux de Maillou.

Les renseignements sur la vie à Rome durant le premier séjour qu'Ingres y fit ont été fournis par le livre si vivant de Louis Madelin : *La Rome de Napoléon.*

J. F.

CHAPITRE I

Un enfant dessine. Il reproduit une gravure dans l'atelier de son père. Par la fenêtre le ciel est d'un bleu intense. Quelques bruits banals résonnent dans la rue : claquement de sabots sur les pavés, brimbalement d'un récipient aux mains d'une ménagère, chant héroïque d'un coq, brusque jet au ruisseau de l'eau d'une bassine, galopade effrénée de quelques gamins.

La petite ville écoule ainsi sa vie quotidienne. Dans l'épais silence des heures les plus chaudes s'incorpore seul le pépiement des hirondelles, les cahots d'un attelage, le tintement d'un clair grelot...

L'enfant qui, matin et soir, dessine ici sept ou huit heures par jour, s'appelle Jean-Auguste-Dominique Ingres. Il a dix ans. Son père est maître ornemaniste à Montauban.

On sait dans toute la région qu'aucune tâche artistique n'embarrasse M. Joseph Ingres. On lui fait aussi bien la commande d'une miniature que celle de réparer une maison. On le requiert pour venir chanter, car il est ténor, on le cherche pour faire des statues dans les jardins. L'habile homme donne aussi beaucoup de leçons dans les premières maisons de la ville.

Auprès de Jean-Dominique qui copie sans relâche des estampes il y a toutes sortes de travaux en train : paysages à l'aquarelle, panneaux décoratifs en stuc peint où apparaissent des houlettes de bergères, des paniers fleuris, des rubans et des masques dans le goût du XVIIIe siècle.

L'enfant a demandé déjà à peindre en promettant qu'il s'appliquerait beaucoup. Le père dit que cette envie est ridicule pour son âge. Il faut d'abord savoir dessiner et jouer convenablement du violon.

Lui-même, tout maître qu'il est, dessine beaucoup. C'est le dessin d'un Fleuve exécuté à la sanguine qui vient d'ouvrir à M. Joseph Ingres les portes de l'*Académie royale de peinture* à Toulouse.

Un poète, M. Bernardy aîné, a immédiatement chanté cette élection et fait imprimer une épître de quatre pages à M. Ingres, peintre en miniature et professeur à Montauban.

Oui, dans le même instant qu'on offrait tes tableaux
A l'œil judicieux de ces Zeuxis nouveaux
Ils s'écrièrent tous, pleins d'une joie extrême,
Qui ne croit voir ici la nature elle-même ?

Le petit Ingres connaît ces vers par cœur. Tous ceux qui ont reçu quelques leçons de son père participent aussi à la gloire que lui accorde le poète :

Ah ! puisses-tu longtemps, loin des traits de l'envie,
Vouer à la peinture une agréable vie ;
Étaler tous les ans des chefs-d'œuvre nouveaux,
Toi-même te former d'honorables rivaux,
Dans ce naissant Lycée où ton génie appelle
Tant d'élèves épris du sublime art d'Apelle.

Contrairement au portrait enflé que trace de lui M. Bernardy aîné, le père Ingres est la simplicité même, une simplicité éclairée de sourire et d'esprit.

Comme il n'a pas l'habitude de prendre beaucoup de choses au sérieux, il apprécie à leur juste mesure ses multiples talents.

S'apercevant déjà qu'Ingrou, — tel est le nom que le père donne à son fils, — risque de devenir, selon les mots du poète, « un honorable rival », il pense qu'il faut pousser l'enfant en remettant son éducation d'artiste en d'autres mains que les siennes.

A l'âge de 11 ans, Ingrou est placé à Toulouse pour suivre les cours de l'Académie. Dès cette époque il dessine avec une grande adresse. Son instruction a été négligée. Il sait lire, mais écrit avec difficulté.

A l'Académie, ses maîtres, Joseph Roques, peintre, et Vigan, sculpteur, s'ingénient à le rendre plus habile encore qu'il ne l'est. En dehors de l'Académie, il prend des leçons de paysage chez le peintre Briant et des leçons de musique. C'est celles-ci qui d'abord lui sont utiles. A Toulouse, Jean-Dominique Ingres gagne sa vie en qualité de second violon à l'orchestre du Capitole.

Puis, lorsqu'il est âgé de 17 ans, ses maîtres et

son père sont d'accord pour l'envoyer à Paris dans l'atelier de David.

. . . .

Lorsque Jean-Dominique Ingres arrive dans la capitale par une journée d'août 1797, il ne songe pas d'abord à satisfaire sa curiosité en la visitant.

Dans le coffre de bois où sa mère a rangé son linge de corps, lui-même a placé quelques cartons remplis de dessins, et, soigneusement isolée entre deux feuilles vierges, une large enveloppe :

A MONSIEUR DAVID PEINTRE D'HISTOIRE.

Roques a écrit personnellement à David qu'il a connu autrefois à Rome.

Ingres constate que cette enveloppe est intacte. Il aurait souffert de la trouver froissée ou souillée par la plus petite tache. Comme trait le plus apparent de son caractère, il a le goût méticuleux.

Roques annonce un élève doué, rempli du souci de l'exactitude et bien pénétré que seul le travail régulier produit des fruits. Il ajoute que l'ambition du jeune homme, comme de tous les jeunes artistes, est d'être pensionnaire à Rome, et que sans doute cette visée ne sera pas au-dessus des forces de Jean-Dominique, une fois que le bienheureux enfant aura été instruit des difficultés de l'Art, par un aussi grand maître que David.

Jean-Dominique Ingres lit avec plaisir cette lettre. Il y trouve l'aveu d'ambitions qu'il n'entend pas cacher. Son énergie et la supériorité dont il se juge lui-même doué, transparaissent dans sa manière d'être.

Il marche sans hâte. Son maintien est réservé, il est d'une politesse très digne, et sous cette apparence de stabilité absolue il cache un cœur chavirant aux contrariétés les plus minimes, une facilité extraordinaire à s'emporter, à se fâcher, à fondre en larmes.

David reçoit le jeune homme chez lui à son jour ordinaire de réception qui est fort couru.

Il demande la permission de décacheter la lettre que lui a donnée le nouvel élève, il la lit lentement, puis tend la main au jeune homme comme pour le congédier :

— Entrez demain à l'atelier, je verrai avec plaisir, à la fin de la semaine, votre travail.

Ingres ne peut s'empêcher de trouver l'accueil froid et sent en lui, comme une rage, le désir de bien faire, de se distinguer pour que s'établisse un lien de sympathie entre son maître et lui.

Avec une appréhension réelle, le lendemain à 7 heures du matin, — telle est l'heure où l'on commence le travail, — il se rend au Louvre où se trouvaient alors en même temps que le musée, les ateliers de quelques peintres.

Une charmante toile de Cochereau nous a laissé le souvenir de cet atelier célèbre. C'est une salle longue, éclairée par une seule baie assez haute, d'un aspect pauvre. Un modèle nu, un homme, y tient une pose peu fatigante. Le métier de modèle s'est bien amélioré avec l'esthétique idéalo-antique, car on n'exige plus aucune de ces poses difficiles en usage dans les Académies du XVIIIe siècle où, selon le témoignage moqueur de David, les modèles étaient retenus par des ficelles comme des polichinelles.

On est maintenant bien persuadé du ridicule de ces pratiques : on s'applique à être simple, à être « grec ».

Ingres a le cœur serré en songeant aux quolibets que, selon la tradition des ateliers, il va essuyer. En entrant il pousse cependant un soupir de soulagement. On est en période de vacances. Beaucoup d'élèves ne sont pas là.

Le massier s'avance vers le nouveau, lui demande son nom et la rétribution mensuelle que chaque élève verse pour le maître : 12 francs.

— Maintenant mets-toi où tu voudras.

— Non, tu ne te mettras pas où tu voudras, s'écrie un être crasseux, la figure luisante, les ongles endeuillés. Ici ; tu te mettras ici, à côté de moi. Il faudra changer d'allure, petit monsieur.

Avec une familiarité des plus triviales il s'approche tout près de la figure d'Ingres :

— Je sens bon, hein ?

Ingres est suffoqué. Quel est cet homme ? Ses allures, son langage semblent ne gêner personne. Avec une indifférence feinte pour cette scène, chaque élève prépare son chevalet.

Redoutant des complications, Ingres n'ose protester. Il suit le sale individu dans un coin de l'atelier encombré de détritus.

— Ici, vois-tu, c'est notre coin, on ne balaie pas,

nous sommes chez nous. A partir d'aujourd'hui tu ne te laveras plus, tu fais partie de la secte des crassons, tes dessins mêmes devront être sales.

Ingres éclate et s'enfuit :

— Ne compte pas sur moi.

C'est aussitôt une clameur. On le prend par le épaules, on le renvoie chez les crassons.

A ce moment la porte de l'atelier s'ouvre. Sur le fond sombre des corridors se détache, drapé dans un péplum antique, un jeune homme remarquablement beau. Une barbe noire, très fournie, encadre sa physionomie et contribue, avec son costume, à le rendre singulier car l'usage de l'époque est de se raser.

Il prononce d'une voix grave :

— Que signifie ce tapage ?

— C'est M. Jean-Dominique Ingres de Montauban, répond le massier, qui ne veut pas entrer chez les crassons.

— Il a raison, réplique le personnage en rejetant sa toge sur son épaule. Je ne sais s'il a suffisamment de goût pour être initié par les Barbus. En tout cas qu'on le laisse tranquille. Il verra par lui-même de qui il peut se rapprocher.

Maurice Quay a parlé. Personne ne le contrarie. Le chef des crassons retourne dans son coin, le modèle déshabillé prend la pose. On se met au travail. Ingres est fort intrigué. Il ignorait que les élèves de David formaient des groupes, ayant chacun un caractère propre.

Outre les insignifiants crassons et les Barbus qu'on

appelle encore les Primitifs ou les Penseurs, — ceux-là ont toute une doctrine, — il ne tarde pas à apercevoir que certains élèves dont les manières fleurent l'ancien régime ne causent volontiers qu'entre eux.

David a mis son point d'honneur à accueillir à l'atelier des jeunes artistes ne partageant pas ses idées, même des émigrés. D'ailleurs la tournure générale des esprits vient de beaucoup changer.

Les élèves chantent des airs républicains en s'amusant à dénaturer la grandiloquence de ces chansons. L'une d'elles, ramenée des armées de Vendée par Ducis, commence ainsi :

« Le Fanatisme insensé, l'ennemi juré de notre Liberté est expiré »... Ducis chante de telle sorte que, lorsqu'il a prononcé le Fa... il s'arrête sur les notes, travaillant quelques minutes à sa peinture, puis au moment où on s'y attend le moins il reprend en chantant... « natisme insensé »... Il achève sur des notes graves et très lentes « est expiré ! » Tout l'atelier répète en chœur... « Est expiré »...

Il ne reste des temps héroïques que deux Jacobins convaincus : Mulard et Gautherot.

Comme le jeune Ingres, choqué par le tapage, a l'air de ne pas rire de ces moqueries envers les sentiments républicains, au cours d'un repos, les deux Jacobins s'approchent de lui pour connaître un peu le son de son âme.

Il répond évasivement. Il ne se soucie ni de la République, ni du Bonheur du Peuple, ni de la Tyrannie, ni de la Liberté. Il accepte cependant avec plaisir, de ses camarades, les discours imprimés que David a lus à la Convention quatre ans auparavant.

En revenant le soir dans sa modeste chambre d'hôtel il se plonge avec respect dans la prose de son maître, et lit avec un étonnement grandissant :

Citoyens ! vous avez décrété dernièrement qu'il serait élevé à la gloire du peuple français un monument pour transmettre à la postérité la plus reculée le souvenir de son triomphe sur le despotisme et sur la superstition, les deux plus cruels ennemis du genre humain.

Vous avez approuvé l'idée de donner pour base à ce monument les débris amoncelés de la double tyrannie des Rois et des Prêtres.

Lorsque je vous ai exposé que par les soins des autorités constituées de Paris, on avait descendu de la partie élevée du portail de cette Église, devenue le temple de la Raison, cette longue file de Rois de toutes les races qui semblaient encore régner sur toute la France, vous avez pensé, avec votre Comité d'instruction publique, que ces dignes prédécesseurs de Capet qui tous jusqu'à cet instant avaient échappé à la loi dont vous avez frappé la royauté et tout ce qui la rappelle, devaient subir, dans leurs gothiques effigies, le jugement terrible et révolutionnaire de la postérité, vous avez pensé que leurs statues mutilées par la justice nationale, pouvaient aujourd'hui, pour la première fois, servir la Liberté et l'Égalité en devenant les bases du monument dont le patriotisme nous a suggéré l'idée, vous avez pensé...

Quoi ? David un peintre avait imaginé ce vandalisme : détruire de belles statues gothiques pour en faire le piédestal d'une statue du Peuple triomphant de la tyrannie et de la superstition ! Ingres ne peut le croire. Pourtant un décret de la Convention pris à la suite de ce discours prévoyait qu'une statue colossale du Peuple porterait d'une main les figures de la Liberté et de l'Égalité ; qu'il s'appuierait de l'autre sur sa massue, que sur son front on lirait : *Lumière* ; sur sa poitrine : *Nature, Vérité* ; sur ses bras : *Force* ; sur ses mains : *Travail.*

Ingres réalisant vite cette monstrueuse œuvre ferme les yeux... Il revoit dans sa mémoire les estampes du XVIIIe siècle dont étaient bourrés les cartons de son père. Au mérite de cet art aimable se mêlent les vivantes leçons de M. Ingres père, son sourire, son indulgence, un certain air de tête qui en fait un personnage marqué au coin, corps et esprit, du siècle avant la Révolution.

Le premier contact avec la pensée de David a certes de quoi le décevoir. Et puis cet atelier bruyant où il ne prévoit point qu'il trouvera d'amis... Il se sent envie de pleurer, se raidit, se décide à voir Paris...

Il fait nuit. Les théâtres, les cafés, les bals ne l'intéressent pas. Il se promène seul le long de la Seine, et sous le grand ciel étoilé, aperçoit bientôt les deux tours massives de Notre-Dame. Aucune passion politico-philosophique ne peut l'empêcher d'admirer les œuvres gothiques.

Il est certes disposé à croire de toute son âme aux idées nouvelles, à faire une ample provision de théories, mais avant tout il ouvre les yeux...

CHAPITRE II

Ingres est entré dans l'atelier de David bien après que Gros, Gérard, Girodet y sont passés. Dans l'affection de son maître il n'a pas pris la même place que ses aînés. Après quelques témoignages d'affection qui n'éveillèrent pas de réciprocité chez David, Ingres a fini par dire qu'il n'aimait pas « cet homme », mais qu'il appréciait « son grand talent ».

On dira plus tard que M. Ingres continue l'enseignement de son maître. En gros ce sera vrai. Par les échos qui restent des leçons de David on aperçoit bien que, partiellement, les leçons d'Ingres en procèdent.

« Il faut voir le Beau comme les Anciens, répète David. Si votre modèle possède des durillons aux pieds, c'est l'affaire de Teniers ou de Van Ostade. Ces peintres-là connaissaient si mal la Beauté, qu'ils ne pratiquaient point d'ailleurs le nu. Des buveurs de cabaret suffisaient à leur travail. La beauté humaine, mes amis, ne s'exprime que par le nu, nos costumes la masquent, lui font faire la grimace.

Les vêtements dont les Anciens se couvraient, seuls, ne détruisaient pas la noblesse, l'harmonie du physique de l'homme. Aussi est-ce la raison pour laquelle, même de nos jours, les peintres doivent choisir les sujets de leurs tableaux dans l'Antiquité.

Les grandes actions que nous offre l'histoire des Anciens ne sont pas belles seulement par leur sens, par l'exemple qu'elles nous proposent, mais par la plasticité même de leurs thèmes. »

Il dit une autre fois :

« Méfiez-vous des écoles, des Académies. On y prend des habitudes détestables dont je me suis défait à Rome. On y apprend le convenu et non pas le Beau-Idéal que je vous enseigne. On y fait de la peinture comme un vulgaire métier. Dans ma jeunesse, j'ai entendu des expressions absurdes, on parlait de faire « pelotonner les groupes », il fallait avoir un pinceau « d'un beau coulant »... Certes, mes amis, n'est pas François Boucher qui veut. Je reconnais le talent des peintures rococos, mais quelles habitudes ! quelle absence de goût ! Quelle mièvrerie de coloris ! Quelle afféterie dans le dessin ! Les belles formes sont simples. Voyez l'Antique. »

Un autre jour il dit en trouvant qu'on a mal placé le modèle :

« Si vous êtes embarrassés pour placer votre modèle, souvenez-vous des poses des belles statues antiques, faites-le poser comme l'*Apollon du Belvédère*. Vous comparerez ce que vous aurez fait d'après nature avec la façon dont le sculpteur antique a traité le même sujet. La Nature et l'Antique, c'est tout un, ou plutôt, mes amis, l'Antique représente la juste mesure que doit avoir la Nature et qu'elle n'a pas toujours. L'homme que vous faites poser peut avoir les bras trop longs, les cuisses trop courtes, vous l'apercevrez en le ramenant au type éternel de la beauté idéale. C'est ainsi que vous serez vrais ».

De telles paroles éveillent la soumission d'Ingres à l'idée de la Beauté totale.

En outre, elles rencontrent le plan d'idées de Maurice Quay dont l'influence secrète est considérable. Les Primitifs ne craignent pas de dire que David n'a fait qu'entrevoir la route à suivre, que Maurice est plus avancé que son maître dans les raisons de l'Art.

David prend des précautions pour critiquer ce bel élève et il faut le critiquer tout de même puisqu'il ne travaille pas ou n'achève rien.

Les Barbus sourient en entendant le maître recommander à leur chef de produire. Maurice leur a expliqué qu'il faut auparavant élever son âme, échapper à la décadence de l'époque...

Remontant le cours général des idées qui font prendre modèle aux peintres sur les sculptures de l'Antiquité, les Barbus ou Penseurs n'admirent que la plus haute antiquité dont ils fixent le terme à Phidias.

Or il est curieux de remarquer que la sculpture grecque des écoles primitives est encore imparfaitement connue. Les Penseurs admirent par une sorte de prescience... A défaut des œuvres plastiques que le temps cache à leur enthousiasme, ils se rejettent avidement sur Homère, sur Ossian, « plus beau encore qu'Homère, plus primitif », dit Maurice Quay. Et, naviguant en pleine Beauté, ils entrent dans un cycle de préoccupations très vaste, centré sur de hautes idées morales où apparaissent la figure du Christ et les Évangiles, singulière nouveauté pour l'époque foncièrement irréligieuse du Directoire.

Sans qu'on sache exactement tout ce qu'ils ont voulu, il semble que les Penseurs aient établi comme le point capital de la Vérité, l'identité du Beau et du Bien.

Ingres, bien qu'il n'ait pas fait partie de leur secte, a été largement impressionné par leurs idées. Dès sa jeunesse, la Vérité, le Beau, le Bien deviennent les mots remparts de son esthétique.

L'atelier de David était distinct de l'École des Beaux-Arts dans laquelle il fallait entrer pour obtenir des prix et pour passer le concours de Rome. Ingres se présente en octobre 1799. Il est reçu quarante-quatrième sur quatre-vingt-huit. Ce classement lui paraît amer. Il ne tarde pas d'ailleurs à prendre la place de bon élève à laquelle il a tous les droits que confère l'application, plus recommandable en l'occurrence que le génie.

Il enlève un à un quelques prix, ce qui remplit d'aise, à distance, M. Ingres père. Au mois de mars 1800 il concourt pour le prix de Rome et il est classé second après Granger. L'année suivante il remonte en loge, il est reçu premier.

L'Italie, la terre sacrée des peintres, lui est promise. Hélas ! le gouvernement du Directoire dont les finances sont mauvaises a provisoirement supprimé les pensions accordées aux lauréats. Il faut attendre. L'attente dure cinq ans au cours desquels il fréquente encore l'École et plus encore les musées et les bibliothèques.

Du passage dans l'atelier de David, Ingres a conservé quelques amitiés, entre autres celle du peintre Granet, originaire d'Aix-en-Provence, et du sculpteur florentin Bartolini.

Granet admire Ingres. Il n'est pas sûr qu'Ingres le lui rende. Leurs esthétiques sont bien différentes. Granet est passionné par les effets du clair-obscur. Ingres, lui, aime les ombres claires qui n'altèrent pas la forme, se souvenant une fois de plus peut-être des prescriptions de Maurice Quay, qui pour mieux rendre le Beau ne voulait point de brusque transition entre la lumière et l'ombre.

Ingres et Granet discutent ensemble amicalement car Granet est en fin de compte persuadé de l'importance primordiale des Grecs, de Rome, et des Primitifs italiens. Ingres sensible à l'intense poésie de Rembrandt, n'aime pas ses moyens mais n'ose faire la critique d'une forme où tant de rêve et de réalité se conjuguent. Par contre il ne faut pas qu'on lui vante Rubens. Il le trouve lâché, vulgaire, plein d'emphase, d'un éclat et d'une pompe faciles.

Bartolini dit :

— Il a rapporté dans les Flandres la leçon de la Renaissance.

— Oh ! non, s'écrie Ingres, ce n'est pas vrai. Les

vrais Renaissants suivent les Primitifs. Ils leur ressemblent plus qu'on ne croit. Rubens n'est plus du tout un Primitif. Il est entraîné dans la facilité et le mensonge...

Les trois amis ont reçu de l'État de grandes pièces servant d'atelier dans le couvent désaffecté des Capucines. Gros, Girodet y sont également installés. Avec ce dernier Ingres entretient de très bons rapports. Girodet est lettré, il a un puissant esprit critique, sa conversation est des plus curieuses et des plus agréables. Appréciant les qualités originales d'Ingres, il lui achète quelques dessins.

Ingres commence la série de ses portraits, tout d'abord des petits portraits à la mine de plomb qu'il fait avec une aisance inimitable et aussi des portraits peints dont il cherche beaucoup la composition et qui offrent un alliage admirable de l'élégance des modes, du maintien, du geste et de cette autre élégance de l'art qui tient au cadre secret des hautes vertus plastiques et prête à l'objet autant qu'elle lui emprunte.

Dès cette époque il réfléchit aux modalités du Portrait.

« Un portrait, dit-il, manque souvent de ressemblance parce que le modèle a été d'abord mal posé, parce qu'il a été placé dans de mauvaises dispositions d'ombre et de lumière qui le feraient méconnaître lui-même si on le voyait dans l'endroit où il a été peint. » Cela revenait à se méfier de l'accidentel, à tendre au permanent, vertu de l'art classique.

En cinq ans, il fait vingt-trois portraits. Ses premiers modèles sont des camarades ou des compatriotes de Montauban de passage à Paris tel Gilibert qu'il a connu enfant et qui doit rester toute la vie, un de ses plus sûrs amis.

Puis viennent quelques clients et enfin une importante commande de l'État : le Portrait du Premier Consul.

Bonaparte refuse de poser. Il consent simplement à ce qu'on laisse pénétrer dans une galerie du Palais de Saint-Cloud où il travaille le jeune Ingres et un autre peintre auquel vient d'être fait une commande analogue, le vieux Greuze âgé de 78 ans. Rien de pénible comme l'amertume de ce vieil artiste qui a connu des succès considérables et dont l'œuvre sombre dans le mépris.

A Saint-Cloud, Greuze fait quelques tremblants croquis à la sanguine et jette les yeux à la fin de la séance sur le travail de son jeune confrère. Il lui reste encore un peu d'esprit pour comparer. Ingres ne songe guère à consoler ce larmoyant vieillard.

— J'ai cherché, dit-il, à copier ce masque magnifique du Premier Consul moins sur mon papier que dans ma tête, à l'y incruster comme ma propriété.

Et il se hâte vers son atelier mettant pour la première fois à profit dans une grande œuvre cette mémoire plastique qu'il aura bien des fois dans la suite l'occasion de vanter comme la suprême force des grands peintres.

Les événements marchent vite. Le portrait qu'Ingres a commencé du Premier Consul devient, au moment d'être achevé, en 1804, celui de l'empereur Napoléon.

L'œuvre est destinée à la ville de Liége. L'on fait à Ingres aussitôt la commande d'un nouveau portrait de l'Empereur pour le Corps législatif.

Dans ce moment son père vient à Paris pour l'embrasser et profiter un peu lui-même de l'air de la capitale. Joseph Ingres pose devant son fils. C'est une des œuvres les plus séduisantes de la période pré-italienne. D'ailleurs les portraits qu'Ingres fait dans sa jeunesse, avant d'aller à Rome, valent les productions en ce genre de son âge mûr. Notamment les trois portraits de la famille Rivière comptent parmi ses réussites les plus fortes, les plus achevées.

M. Ingres père, modeste artiste mais connaisseur difficile, peut se montrer fier de son enfant. Peut-être pense-t-il que, dans le magnifique épanouissement du talent d'Ingrou, il a quelque droit à un peu de reconnaissance.

Faire dessiner un enfant dès l'âge de dix ans c'est lui donner une facilité de main et de coup d'œil dont, s'il devient artiste, il sentira le prix toute sa vie.

De cette facilité, Ingres dira plus tard à ses élèves :

« Il faut en user en la méprisant. Malgré cela quand on en a pour cent mille francs, il faut encore en demander pour deux sous. »

CHAPITRE III

Quatre figures de femmes ont traversé la vie sentimentale d'Ingres. En honnête bourgeois, il les demanda chacune en mariage.

La destinée n'a laissé accomplir que deux de ces unions. Des deux autres épisodes, l'un est sans conséquence aucune ; il trahit l'ivresse des sens devant une jolie fille, puis un recul très raisonnable devant les défauts de son caractère. L'autre aventure est plus grave. Une âme est touchée par l'amour qu'on lui propose. N'ayant partagé avec Ingres que les plus chastes baisers, Julie Forestier accepte avec des larmes la rupture et refuse sa vie durant toute consolation.

Mlle Forestier a-t-elle pensé qu'en la sachant occupée d'un grand peintre la postérité trouverait de l'intérêt à connaître son aventure ? Toujours est-il qu'elle rédigea cette histoire : *Emma ou la fiancée.* On voit se dérouler les conditions de son malheur avec quelques erreurs de détails et de dates, voire même d'interprétation, mais qui changent peu de choses à la vérité qu'elle garde sur le plan sentimental.

Écrit avec la plus pure sincérité, ce récit est à la fois sans imprévu et fort touchant.

Le dessin qu'Ingres a laissé de la famille Forestier précise avec beaucoup de vie le visage et la silhouette de cette petite fiancée qui doit rester une petite victime, et à côté d'elle, de son papa, de sa maman, de son oncle et même de la servante de la maison, la bonne Clotilde. La jeune Julie Forestier a beaucoup de bon sens et ne se trouve pas très belle. Aussi emploie-t-elle sa coquetterie de femme à autre chose qu'à éblouir. Elle a une façon modeste et sûre de se présenter. Julie, outre les vertus d'une jeune fille de bonne éducation, pratique la peinture avec un peu plus de volonté sinon de talent qu'un amateur. Elle a reçu les conseils de David et croirait peindre comme au pensionnat en faisant des fleurs, des paysages ou des oiseaux. Elle débute au Salon de 1804 avec une « *Minerve*, déesse de la sagesse et des Beaux-Arts ». Le choix de ce sujet indique qu'elle prend la peinture au sérieux.

Lorsqu'Ingres se rend le soir dans cette bonne famille, il y goûte la tranquillité que peut donner la profession de juge suppléant ; tel est le métier de M. Forestier. Il plaît à Ingres que Julie lui parle de son art, il lui plaît qu'elle joue au piano la musique qu'il aime, il lui plaît de l'accompagner sur son violon. On respire chez les Forestier une atmosphère excellemment bourgeoise et conforme aux goûts profonds de M. Ingres, qui n'a pas de sympathie pour la débauche, et qui, en fait d'excentricités, n'admettra jamais que les siennes.

L'ambiance de toute cette maison motive une demande en mariage aussi sûrement que l'aimant attire le fer. Elle s'opère de la façon la plus officielle qui puisse être, peu de temps avant le départ pour l'Italie du jeune prix de Rome en 1806.

A cette époque Ingres a 26 ans et Julie 17. Elle mérite d'être appréciée, sinon pour sa beauté, du moins pour sa droiture, sa douceur, les agréments de son caractère. L'imprudence est de croire qu'apprécier est l'égal d'aimer.

Seul, M. Forestier élève quelques doutes sur le bonheur qui se prépare. M. Ingres père qu'on a prié, selon les formes les plus strictes de l'usage, de demander pour son fils la main de Mlle Forestier doit introduire une sorte de plaidoyer dans cette demande.

L'aimable vieillard trouve pour cela des formes agréables et convaincantes :

« Mon fils, écrit-il à M. Forestier, vous a sans doute communiqué sur ce qu'il persiste à faire le voyage à Rome avant même d'être uni à Mlle Forestier, et cela, pour acquérir plus de gloire afin de se rendre encore plus digne de votre aimable demoiselle. Convenez, Monsieur, qu'un pareil procédé est celui d'une jeune homme qui sait bien aimer... »

Le juge suppléant manquerait de grâce s'il résistait. Il se borne la veille du départ à manifester un restant d'humeur, une sorte de jalousie en voyant le jeune peintre serrer sa fille dans ses bras. Il les sépare brutalement, assoit Julie sur ses genoux, puis, devant la consternation des fiancés, il s'empresse de réparer sa brusquerie, remettant lui-même la main de Julie dans celle du peintre qui la couvre de baisers.

Ingres ne veut pas partir sans donner à sa fiancée un gage de fidélité. Il choisit pour cela une médaille qu'il a gagnée dans un concours et la lui offre. Mme Forestier, qui assiste à ce geste, prie aussitôt sa fille de retirer une bague de son doigt et de la donner en retour.

Le jeune peintre, dans une de ses premières lettres revient sur cette scène touchante. Il se croit même obligé de dire le prix qu'a pour lui un objet qu'il garde sur lui tendrement et, ce faisant, il dépasse la vérité, car, dans le voyage, le petit anneau s'est égaré.

Était-ce un présage ?

En moins d'un an un amour qui avait l'air passionné est réduit à rien. Mais lorsque Julie Forestier explique dans son récit qu'une rivale l'a supplantée, elle précipite de beaucoup un événement qui n'a pas lieu dans le moment où le cœur d'Ingres se détache.

La rivale de Julie c'est la Peinture... Ingres, en arrivant en Italie, a le sentiment que son éducation de peintre est à refaire et qu'on l'a trompé. A vrai dire, il est très difficile pour nous de comprendre au juste quelle sorte de progrès techniques ont été accomplis en Italie par le peintre qui avait déjà su faire le portrait de M., Mme et Mlle Rivière.

Pourtant, la méditation devant les maîtres italiens a nourri l'âme d'Ingres, lui a servi à préciser les directions profondes de sa propre esthétique, à établir une savante parenté de moyens entre les maîtres.

Le génie italien a servi en même temps d'excitant à son immense goût de gloire. Il se propose de continuer les maîtres. Le travail et l'ambition pèsent plus dans son cœur que la médiocre figure de Julie. Elle s'efface peut-être aussi en raison du dicton populaire : « Loin des yeux, loin du cœur. »

Enfin, il faut compter pour éloigner Ingres de ses promesses les articles venimeux que lui valent ses envois au Salon de 1806. Ils lui donnent l'horreur de Paris où on le comprend si mal.

C'est en arrivant à Florence qu'il a eu connaissance par le père de Bartolini de quelques-unes des critiques qu'on lui adresse.

Dans la *Revue philosophique, littéraire et politique*, Fabien Pillet dit :

« Si M. Ingres n'a voulu que faire parler de lui n'importe en quel sens, il ne faut pas s'étonner de la manière bizarre qu'il a adoptée, et l'on peut dire sans crainte de se tromper que le succès a passé ses espérances. Mais s'il prétendait aux suffrages du public, dont il est digne, et à l'approbation des hommes de l'art, on peut dire avec non moins d'assurance que M. Ingres lui-même s'est trompé. Il fallait pour mériter cette approbation une pose plus élégante et des draperies mieux jetées ; il fallait que la tête du héros eût moins de pâleur et plus de ressemblance. Il fallait enfin que le tableau fût moins dur... »

Suivent deux lignes où l'on reconnaît « qu'au milieu de ses défauts » il y avait trois mérites : « un bon dessin, une touche fine et des draperies d'une grande vérité. » Ces draperies d'une grande vérité sont celles qu'on accuse plus haut de ne pas être bien jetées...

Il s'agit là de la critique du portrait de l'Empereur et l'on finit par ces mots :

« Tout ce que nous disons ici peut s'appliquer aux autres portraits du même artiste. »

Le *Pausanias français* s'exprime ainsi :

« ... Il est difficile de faire avec un pinceau aussi exercé un tableau aussi désagréable. On accorde des talents à M. Ingres ; en ce cas, ses amis ne peuvent trop lui répéter qu'il doit sortir de la route où il s'égare. Les autres portraits qu'il a exposés sont peints aussi malheureusement que celui de l'Empereur. Dans ce nombre est celui de M. Ingres lui-même, et l'on assure qu'il ne s'y est pas plus ménagé que ses autres modèles. Il n'est comptable envers personne de ce tort, mais, en général, qu'il s'éloigne moins de la manie de flatter que l'on reproche à la plupart des peintres ! Il vaut mieux, même en peinture, flatter que calomnier. »

Dans l'*Observateur au Musée Napoléon*, on apprend que la figure de l'Empereur est « trop ramassée », que les raccourcis n'en sont point « heureux », que la tête est « trop blanche », et qu'enfin, elle n'est pas « d'une parfaite ressemblance ». Quant au portrait de Mme Rivière, on le décrit ainsi :

« Une dame tout en blanc, schall blanc, sur une robe blanche, tête et bras blancs mêlés d'un peu de couleur rose. Cette jolie femme est sur des carreaux bleu de ciel. » Et comme piquante conclusion : « Il me paraît qu'Ingres aime le blanc plus que ses yeux. »

Dans un opuscule intitulé : *Les lettres impartiales sur les Expositions de* 1806 *par un amateur*, cet amateur s'explique fort carrément :

« Vous avez fait mal, Ingres, le portrait de Sa Majesté ; il me semble peint aux rayons de lune et, quoiqu'il soit bien assis, malgré l'épaisseur du velours et du satin, malgré la pesanteur des dorures et la régularité du dessin, personne n'enviera ce tableau au Corps législatif. Le voyage de Rome et l'aspect des portraits de Paul Véronèse, Titien, Corrège, etc... tireront sans doute cet artiste du genre sec et découpé qu'il semble avoir adopté et réchaufferont sa couleur. »

Un amateur du même goût est encore M. Bon-Homme qui a publié *Le Flâneur au Salon*. M. Bon-Homme s'exprime en vers, et il indique à ses lecteurs la musique qui doit accompagner ses quatrains. On peut chanter sur l'air « J'ai vu partout dans mes voyages » ceci :

On dit que le vainqueur d'Arbelles,
Dont on fit tant de sots portraits,
Défendit qu'un autre qu'Apelles
Se mêlât de peindre ses traits.

Moi qui chéris à toute outrance
L'illustre vainqueur d'Austerlitz,

Je dis quel malheur pour la France
Qu'il n'ait pas fait de tels édits !

Il y a encore bien d'autres critiques, où l'on dit à Ingres qu'il a tort d'être gothique, ou bien qu'il se croit au temps de Dagobert, ou encore qu'il imite Jean de Bruges, et qu'enfin les maîtres ont tracé « un chemin sûr et facile » dans lequel il aurait dû marcher.

Un tel pathos met en rage le pauvre peintre. Il n'a pas une seconde le courage de dominer la situation. Toutes ces niaiseries lui font plus mal que des coups de fouet. Il crie de douleur, il pleure comme un enfant, il écrit des lettres où la colère, l'orgueil, font place à des plaintes d'homme brisé, à un gémissement qui, après avoir éclaté, se renferme et continue. Les Forestier reçoivent cette lettre affolée :

« Et vous aussi, mes chers amis, m'abandonneriez-vous à tout ce qui m'accable ? Quelles horreurs est-ce que je viens d'apprendre ? Je sais tout ce qui se passe à Paris sur mon compte. Le Salon est donc le théâtre de ma honte ? Je suis victime de l'ignorance, la mauvaise foi, la calomnie, et je n'ai de vous aucune consolation, mes chers amis ! Les scélérats, ils ont attendu que je sois parti pour m'assassiner de réputation. D'un jour à l'autre, suis-je changé de peintre distingué en un homme dont on ne peut regarder les ouvrages, dont l'effet met en furie, dont tout Paris s'entretient d'une manière affreuse ? Et je ne suis pas là, je ne peux me défendre. Je sacrifierais ma vie ou cette horde croassante de jaloux aurait cessé de crier. Mais de grâce, par pitié, voyez mon désespoir. Depuis mon arrivée à Rome, je n'ai aucune nouvelle de vous, j'avale des couleuvres la nuit et le jour, je meurs d'ennui, jamais je n'ai été si malheureux. Est-il vrai que le peu d'amis et d'hommes de goût ayant pris ma défense n'osent à peine depuis ce moment aller au Salon ? Quel crime ai-je commis ? Quel désastre ai-je fait naître ? De grâce, mes amis que j'apprenne quelque chose de vous. Je savais avoir beaucoup d'ennemis, je n'ai jamais été complaisant avec eux, et ne le serai jamais ; mon plus grand désir serait de voler au Salon et les confondre devant mes ouvrages qui ne ressemblent pas aux leurs, et plus j'irai en avant, et moins ils leur ressembleront. L'estime de ma propre conscience et celle des hommes de grand talent tels que Gérard devraient me tranquilliser un peu, mais le ridicule qu'ils emploient à me persécuter, accompagné de la fureur qu'ils y mettent et de leur mauvaise foi et acharnement me navre au point que je voudrais être mort ou à Paris, et je prendrais la poste si j'en avais les moyens, mais les lâches n'ont osé ourdir cette horrible trame que parce qu'ils m'ont su parti. Et par surcroît de malheur rien de vous pour me consoler. Granger fait tout ce qu'il peut pour me donner courage, il gémit de ce qui se passe et le conçoit aussi peu que moi. Mes ouvrages ont donc été repeints ? Je m'y perds ; par grâce, instruisez-moi, alors si je me suis trompé et s'il est vrai qu'on ne voit dans mes ouvrages ni dessin, ni couleur, ni sentiment. J'étouffe, je n'en puis plus ; pardonnez-moi cependant le bruit que je vous fais, il est causé par le plus grand désespoir. »

M. Forestier ne laisse pas Ingres manquer de consolation. Il lui écrit avec une certaine bonté. Il assure qu'une minorité de gens ne suit pas la critique, cependant il ne tait pas les critiques des artistes. Il mélange à ces échos le conseil de revenir bien vite à Paris. Il semble craindre avec une juste intuition que l'éloignement du peintre n'empêche le mariage. Aucune de ses lettres ne manque d'envisager la date du retour. A mesure qu'il veut l'avancer, Ingres prend soin de la retarder.

Le 19 octobre 1806, à peine arrivé à la villa Médicis, il avait écrit directement à Julie :

« Je suis bien malheureux, bien malheureux, je n'y pourrai tenir, il me sera impossible d'y rester peut-être un an. »

Deux mois et demi après, le 2 janvier 1807, il écrit :

« Je ne puis donc revenir près de vous avant un an... »

Il y a une nuance dans la manière de dire. Pourtant, quels soins ne prend-il pas pour être tendre. Il profite du passage à Rome du paysagiste Naudet qui retourne à Paris, pour envoyer à la famille Forestier deux paysages : une vue de la villa Médicis et une de son atelier à San Gaetano. Il demande à Julie d'en faire deux copies pour les envoyer au père Ingres à Montauban. Il la charge également de copier pour la même destination son portrait de 1804.

Cinq mois après, le 29 mai 1807, il écrit à M. Forestier une longue lettre :

« ... Si je me trompe, dites-le-moi sans aigreur, je vous en supplie, parce que mes intentions sont pures et droites, et qu'en cela même, c'est m'assassiner que d'avoir l'air de douter. J'espère que ce sera la première et la dernière fois de vous à moi que nous tiendrons pareil conseil. Ainsi, je vais vous ouvrir mon cœur et vous demande de m'ouvrir de même le vôtre, en père.

Voici, je vous prie d'envisager mon état actuel et quelle physionomie différente il devait prendre lors de mon départ de Paris. Sans ce qui s'est passé au Salon, que je crois n'avoir aucunement mérité, si on m'eût rendu justice simplement, je pouvais espérer comme un autre des travaux honorables qui auraient pu concilier ma gloire et ma fortune. Mais, à présent, je vois que pour me faire rendre la seule justice que je mérite, il faut que je l'emporte l'épée à la main, que je ramène par la vertu de mon talent, et ceux à qui il faut que j'apprenne ce que c'est que le Beau, et ceux qui le savent et ne veulent pas l'avouer par mauvaise foi. J'ai eu beau me cacher et vous crier que je ne tenais pas à cette vaine gloire, mais je reviens et sens qu'on ne fait rien de beau sans elle, et c'est en toutes choses. Me voilà donc encore une fois remonté et plus inspiré que jamais de mon art, et d'ailleurs par tous les chefs-d'œuvre que je vois tous les jours ici, et qui m'enflamment et me donnent des remords de n'avoir pas plus fait à mon âge, quand la nature m'a fait peintre et pas autre chose ; il y a trop longtemps que mes moyens sont rétrécis et que je suis comme lié et en prison. Ici, à Rome, j'ai l'occasion de produire, comme jamais je ne puis la désirer plus belle, excepté le bonheur d'être toujours parmi vous, mes chers amis. J'ai à présent le plus bel atelier de Rome, j'ai trouvé de très beaux modèles et une tranquillité inappréciable pour faire les arts ; il me semble donc que je dois profiter de tous ces avantages pour produire un bel ouvrage, qui me venge dignement de mes ennemis et qui me concilie tout. Voyez combien cela serait long à Paris, avant d'avoir trouvé seulement un atelier, et qu'il vaut bien mieux, je crois, arriver avec un tableau que de dire : « Attendez, je vais le faire », et toujours « Attendez ». Pendant ce temps, ils parviendraient peut-être à me jouer encore de mauvais tours et à me décourager tout à fait, et puis, je vous avoue que, vis-à-vis de vous, et du bonheur où je suis appelé par vous à devenir votre gendre, je suis jaloux d'en être encore bien plus digne auprès de notre Julie. Je ne puis supporter l'idée de ne pouvoir la rendre complètement heureuse, ce qu'elle mérite tant à tous égards. Qu'est-ce que vous penseriez, et elle, de me voir arriver sans moyens, et ne lui apporter pour dot que des espérances ? L'idée de vous être à charge, malgré toutes les bontés dont vous êtes capable, s'associe difficilement avec mes idées où je ne mets ni fierté, ni raideur. J'ai fait choix du tableau de *Mars et Vénus* dont j'ai l'esquisse peinte, que vous vous rappelez, et que vous aimez, je crois...

Si donc je pouvais obtenir de vous et de mes bonnes dames votre agrément sur ce projet, après que vous aurez bien pensé et pesé toutes les raisons que je peux vous donner, j'en serais content, cela ne rendrait tout au plus mon retour plus éloigné que de quelques mois, mais ce retour serait pour moi double en félicité Je n'aurais selon moi rien à me reprocher, ayant fait tout ce que j'aurais pu... Mon cher Monsieur Forestier, faites-moi la grâce de répondre le plus promptement possible à cette lettre que j'écris sans savoir comment elle sera reçue. Si elle vous déplaît ou que vous me donniez vos bonnes raisons, ne me dites pas : « Monsieur Ingres, vous pouvez vous regarder comme parfaitement libre. » Je ne veux point être libre, moi...

Malgré toutes ces précautions d'écriture, il ne peut dissimuler que Rome le garde... Il ne veut pas être libre, dit-il ; il faut que les Forestier attendent encore deux mois et demi pour apprendre la vérité :

« Différant toujours et n'osant m'ouvrir, j'ai écrit, par cette faiblesse, ce que je ne sentais plus, le désavouant au fond de mon cœur. Depuis ce temps, mon cœur devenu de bronze s'est fermé, et j'ai la dureté de vous faire cette confession de foi pour ne point continuer à vous tromper. »

Est-ce tout ?

Pas encore...

Ingres fait suivre cette déclaration de l'expression de son repentir et il affirme bravement le contraire de ce qu'il vient de dire :

« Je viens de relire vos lettres. Je ne puis tenir à mes remords, oui, j'ai perdu la tête, vous m'ouvrez les yeux, mais en grâce, agréez et obtenez que je puisse rester mon temps entier à Rome où je puisse y faire ce que demande ma grande satisfaction. Je vous le demande à deux genoux, il m'est impossible de quitter si tôt un pays si merveilleux. Cette contrariété a seule fait ainsi tourner ma tête. Vous n'êtes pas peut-être sans le sentir comme moi. Mais l'état de mes bonnes dames m'affecte horriblement. Ayez bien soin de vous. Je n'ai le temps ni le courage de répondre à leurs bonnes raisons, leur bonté, leur douceur. Elles me tuent, m'ôtent tout moyen de jamais me justifier du mal que je leur ai fait. Je n'ai point le temps de refaire une lettre, le temps me presse trop. Mais de grâce, ne la lisez pas, ou du moins laissez à jamais ignorer à ces dames et à vous-même ce qui est indigne et de vous et de moi, C'est pour vous seuls que je reverrai la France. Sur cela je vous sacrifie ma forte prévention, mais que dois-je, que puis-je espérer après vous avoir causé tant de mal ?...

Cette lettre resta sans réponse. Il en faut suivre les effets dans le récit de Mlle Forestier.

Le tableau qu'elle brosse du chagrin de toute la famille est bien sombre. Elle-même, après avoir pleuré, jure qu'elle ne se consolera jamais. On lui parle de nouveaux maris, elle pose la main sur son cœur et dit que la fiancée de M. Ingres ne sera plus celle de personne. Le père, aigri, tombe malade. La mère trouve, un à un, les arguments classiques de la consolation. Les sentiments si simples qui s'échangent entre la mère et la fille ne pourraient pas satisfaire l'art d'un romancier. Leur intérêt reste photographique :

« Que devint donc Emma lorsqu'on ne put plus lui cacher le contenu de cette fatale lettre ? Ses sens faillirent l'abandonner. Heureusement un torrent de larmes vint soulager la malheureuse enfant qui, pleurant sur le sein de Mme Darmençay, n'interrompait ses sanglots que pour lui dire : « Oh ! maman, comment supporter une telle douleur ? J'y succomberai, maman, je ne pourrai la soutenir. » — « Mon enfant, répondait la tendre mère, laisse à Dieu le soin de ton sort, songe que si d'une main il frappe, de l'autre il soutient. Qui sait si, plus tard, tu ne lui rendras pas grâce précisément de ce qu'il fait aujourd'hui couler tes larmes ? Calme-toi, mon Emma. N'afflige pas ton père et moi en restant inconsolable. Nous te restons, chère fille. N'es-tu pas le but unique de nos pensées, de nos affections, et ne te rendrais-tu pas coupable toi-même d'ingratitude si tu paraissais ne nous compter pour rien dans ton bonheur ? » — « Pardon, maman, pardon, s'écria la pauvre Emma, craignant d'avoir blessé le cœur de sa mère, Dieu m'est témoin que je ne veux plus vivre que pour vous deux, mais vous m'aviez permis de l'aimer, celui qui maintenant me dédaigne et me fuit. Le vide qu'il a laissé dans mon cœur ne se remplira jamais. » — « Il faut tâcher de l'oublier, puisqu'il t'abandonne. » — « L'oublier ? Impossible, maman. » — « Si fait, mon enfant, tu possèdes tant de moyens de distraction ; ton piano, ton chevalet, tes livres, ton aiguille, les soins du ménage, les devoirs de la société. Que d'objets vont se disputer tous tes instants ! C'est à présent que tu vas sentir le prix de l'éducation que tu as reçue. C'est le moyen que Dieu te ménage pour cicatriser les blessures de ton cœur. » — « Les cicatriser, dit Emma en redoublant ses pleurs, dites plutôt que ces choses les rouvriront à chaque instant. Mon piano, n'y étais-je pas souvent accompagné par lui ? Ma peinture, n'y excellait-il pas et ne recevais-je pas chaque jour ses conseils ? Les soins du ménage, ne m'y formiez-vous pas pour lui ? La société, ô ma mère, songez-y donc ! Si Auguste était un de ces hommes obscurs, dont le nom reste enseveli dans un cercle étroit, peut-être pourrais-je espérer ; mais non, le génie d'Auguste ne peut que se déployer avec le temps, d'immenses succès l'attendent. Je n'entendrai partout que son éloge, son nom sera dans toutes les bouches, et ce nom que je devais m'enorgueillir de porter jettera le trouble dans mon âme, il fera rougir mon front, non de honte, je n'ai pas mérité son affreux abandon, mais de douleur et d'indignation. »

Ainsi parlait Emma, et Mme Darmençay, qui ne pouvait se dissimuler qu'il y avait beaucoup de vérité dans le discours de sa fille, la regarda longtemps d'un air attendri. — « Je ne puis nier, ma chère enfant, que tu n'aies pendant quelque temps à souffrir de vifs chagrins, mais, mon enfant, il n'est point, grâce au ciel, d'éternelles douleurs. Dieu sait que nous ne les supporterions pas. Ainsi que l'air qui, s'interposant entre notre œil et les couleurs, affaiblit l'éclat de celles-ci, de même le temps, en s'interposant entre nous et nos peines, en calme la violence, et, mon Emma, crois-en ta mère, il vient un moment où le souvenir de nos chagrins, non seulement perd la plus grande partie de son amertume, mais encore acquiert une sorte de douceur ; la conscience d'avoir supporté avec courage les épreuves qui nous ont été envoyées et de s'être rendu probablement agréable à Dieu en se soumettant à ses volontés sans murmure, répand dans l'âme une sérénité que rien n'efface plus ! »

Comme on le voit, Julie voile par pudeur le nom des personnages de son récit. Elle ne nous laisse pas connaître celui d'un ami d'Ingres qui fut chargé de lui redemander la médaille qu'il lui avait donnée, mais elle ne nous cache pas que cette restitution causa son évanouissement.

On ne peut pas en douter, la malheureuse connut un éternel regret de ne pas avoir été la femme d'Ingres.

Il est fort possible que si le mariage s'était fait, il eût procuré au peintre une agréable tranquillité, et la tranquillité familiale est, — la suite de sa vie ne permet pas d'en douter, — l'image qu'il se fait du bonheur.

Cependant, poussé par une passion moins sage, il est sur le point un jour de jeter les bases d'un foyer moins sûr.

La fille d'un antiquaire lui a plu parce qu'elle est belle. Elle s'appelle Laure Zoëga. Ingres s'empresse d'écrire à son père pour lui demander son consentement au mariage. M. Ingres ne s'étonne pas des changements du cœur, sa surprise est peut-être qu'ils aient besoin de la consécration de la loi.

Il s'apprête à satisfaire son cher enfant lorsqu'il apprend une nouvelle qu'il se garde de croire tragique. Cette fois encore, le mariage ne se fait pas.

Que s'est-il passé ?

Laure Zoëga n'a pas écrit le récit de son aventure, c'est du moins probable. Elle ne s'est pas souciée de remplir sa vie avec le souvenir d'un jeune homme qui n'était pas plus beau que beaucoup d'autres.

Et nous savons sur cette aventure tout juste ce que, devenu vieux, en déroulant un jour quelques souvenirs de jeunesse, Ingres en a dit. Il expliqua avec une crainte qui n'était peut-être pas pusillanime que la belle fille aimait trop la danse et qu'un soir où lui, M. Ingres, s'arrêtait à la porte d'un bal populaire, il la reconnut qui riait dans les bras d'un superbe cuirassier. Ingres vit là les présages des plus graves malheurs. Il ne put supporter cette vision. Il fit avertir Laure que tout était fini.

CHAPITRE IV

Ingres se retrouve donc seul. On devine aisément qu'il en souffre. Ses portraits de femmes et ses nus nous l'avouent. Ce n'est point faire de la psychanalyse que d'y découvrir un sentiment aigu, exaspéré même de la beauté féminine.

Ingres a imposé à ses modèles femmes l'unique raison d'être belles. Elles semblent attendre qu'on admire la beauté de leur gorge ou de leurs bras, qu'on se prosterne à leurs pieds. Ne demandons pas à leurs yeux de nous éclairer sur leur âme. Notre attention doit aller, de la rondeur de leurs membres, de la douceur de leur peau à leur parure, à leurs bijoux, à la beauté des étoffes qui les habillent.

Si nous pouvions avoir les vifs sentiments qu'une petite fille a pour une très jolie poupée, nous ne trouverions pas dans l'histoire de l'art de plus agréables tableaux que les portraits de Mme Rivière, de Mme de Senonnes, de Mme Devauçay ou de la belle Zélie..

Chacune de ces œuvres ressemble à un acte

d'adoration. Le peintre a créé des ídoles plutôt que des amoureuses. Son respect de la femme, sa timidité s'expriment dans chacun d'eux au même titre que son étonnement.

Tout cela, qui est visible dans des tableaux et en forme pour nous la part psychique, ne pouvait pas rester ignoré des âmes sensibles avec lesquelles M. Ingres communiquait.

S'il a tant aimé les femmes, c'est qu'elles devaient le comprendre à merveille. L'une d'elles exerça pour lui le plus aimable des secours.

Il se trouve dans la Rome de l'Empire beaucoup de fonctionnaires français. L'un d'eux, M. de Lauréal, qui est le greffier en chef de la cour impériale, a une femme charmante. On reçoit beaucoup dans la famille Lauréal et l'on sait y recevoir. La maîtresse de maison ne se borne pas à des paroles inutiles. Elle aime, — ce qui exige tout un art, — connaître l'esprit de ses invités, entrer dans leurs goûts, soit pour les reconnaître conformes aux siens, soit pour les combattre et leur conseiller d'en changer. Ce n'est pas à la Villa Médicis où les camarades d'Ingres étaient à peu près tous incultes qu'il a pu se plaire à pareils jeux de l'esprit. Une femme qui joint à la supériorité qu'elle tient de sa beauté tant de grâce pour discuter ne peut pas manquer d'avoir sur lui une influence considérable.

Elle en use d'une façon dont le peintre a raison de ne pas se méfier, car elle ne lui prépare rien de moins que trente années de bonheur. Mme de Lauréal n'est pas longue à savoir qu'il faut le marier et à se souvenir en même temps d'une cousine de Guéret.

Évidemment il peut paraître téméraire de parler de mariage à des gens éloignés par des centaines de lieues et qui ne se sont jamais vus mais Mme de Lauréal sait vaincre sans peine les difficultés. Elle ne se borne pas à orienter les pourparlers. Elle se serait refusée à faire déplacer sa cousine inutilement. Il faut que le mariage soit décidé avant que celle-ci entreprenne un si long voyage.

Cette condition paraît très naturelle à la fois à M. Ingres et à Madeleine Chapelle, car, avec une confiance qui est déjà le signe d'un trait commun dans leur caractère, ils ne peuvent croire tous les deux que Mme de Lauréal se soit trompée.

Les descriptions qu'elle fait de l'un à l'autre les ravissent.

Non seulement ils sont sûrs de s'aimer, mais ils s'aiment de la meilleure foi du monde avant de s'être vus.

Atteignant la trentaine, et son miroir lui disant chaque jour qu'elle est très agréable, Madeleine Chapelle jette dans les rues tranquilles de Guéret des regards désespérés. Trop réservée, trop honnête pour favoriser l'approche des hommes, le mariage lui paraît un état idéal qu'elle ne va peut-être jamais connaître.

Lorsque Adèle de Lauréal lui dit que sous le ciel bleu de Rome un grand artiste l'attend pour la rendre heureuse, elle croit vivre un conte de fées.

Une lettre d'Ingres ne tarde pas à suivre l'ouverture des propositions :

Rome, le 7 août 1813.

Mon aimable future,

Jusques ici, tout est l'ouvrage de notre bonne Adèle qui a toujours voulu nous marier, mais il est temps que je rompe le silence. Aimable Madeleine, tout ce que je sais de vous, vos charmantes lettres où règne tant de naturel, m'ont fait parler de vous ; vous êtes, en un mot, l'âme de nos conversations et de nos pensées, je me trouve donc très heureux que vous vouliez de moi ; j'en ai eu hier l'agréable nouvelle. Serions-nous effectivement destinés l'un pour l'autre ? Moi, je vous aime et ne vous ai jamais vue, mes pensées sont toujours à Guéret, mais je suis toujours en doute si j'aurai le bonheur de vous plaire aussi. Je crains qu'on ne m'ait trop flatté sur le portrait qu'on vous a fait de moi. Pour parer à cela, je vous envoie d'abord une esquisse du physique de ma petite personne, comme vous l'avez vous-même demandé d'une manière si aimable pour moi. Après cela, je vais essayer de vous tracer mon autre portrait moral. Commençons : des vices, on ne m'en connaît point, je n'ai ni fortune, ni belle figure, mais j'ose dire un talent distingué et connu qui n'attend que la première occasion pour prendre une bonne place, et espérer par là de la fortune un jour, avec un peu d'ordre (ceci pourrait vous regarder). Je suis naturellement doux de caractère, et cependant la colère s'empare aisément de moi, lorsqu'on me contrarie et que je crois avoir raison ; on dit alors que je deviens rouge, blanc et jaune. Pour moi, je ne m'en aperçois pas. Mais au bout d'un certain temps, j'attrape une bonne fièvre bilieuse. J'ai de plus l'habitude de jeter mon argent par les fenêtres, je n'en connais jamais le prix. Je ne suis ni triste, ni gai, quelquefois préoccupé de mon art, ce qui est bien naturel quand on est passionné comme je le suis, et si excessivement sensible qu'un rien me rend au moment même l'homme le plus malheureux qui soit au monde. Je me crois alors sans bonheur et né sous la plus mauvaise étoile. Ne vous effrayez pas, je vous prie, de toutes ces imperfections, j'espère que vous les ferez toutes évanouir en apportant avec vous tout ce qui fait une excellente femme comme je crois que vous êtes. Alors, vous achevez mon bonheur. Je puis bien aussi vous assurer du retour le plus tendre et le plus constant de mon côté ; je suis aimant par caractère et bien disposé à vous aimer, vous, étant comme femme, bien plus parfaite que moi. On vous dit d'abord très jolie femme, et ce que je prise aussi beaucoup en vous, sont toutes les bonnes et excellentes qualités dont vous êtes ornée, entre autres l'égalité d'humeur, que j'apprécie excessivement, sans cependant en bannir la gaîté, qui est une grâce de plus que vous possédez. Enfin, tous s'accordent sur tout cela et vos cousines et moi ne parlons que de vous ; elles vous aiment bien et elles méritent bien qu'on les aime, surtout notre belle et bonne Adèle, notre marieuse.

Savez-vous qu'elle me gronde quelquefois et que j'ai presque peur d'elle quand elle me dit « Monsieur » d'un ton... Du reste c'est une femme accomplie que j'aime beaucoup. On dit que vous lui ressemblez. Ce couple est vraiment bien aimable. Ils veulent bien que nous ne fassions désormais qu'une seule famille à Rome, comme à Paris, où nous irons, j'espère, nous établir pour en finir. Concevez-vous, ma chère, le plaisir de vivre ainsi l'un pour l'autre, sans nuage, tellement libres, et à nous permis de prendre du monde ce que nous en voudrons, cette manière de vivre n'excluant pas de prendre part aux divertissements qui seront à votre goût ? Je désire que vos sentiments s'accordent là-dessus avec les miens. Je vous dirai que ces dames ont découvert chez moi un petit portrait de femme qui, disent-elles, a avec vous quelque ressemblance ; je l'achetai d'inclination et vous pouvez penser que je vais le regarder souvent et lui faire ma cour. De plus, vous saurez que ces dames habitent une très jolie maison avec un très petit jardin, bien joli et cultivé par les mains d'Adèle, nous croyons déjà vous y voir et en jouir ; l'appartement est déjà trouvé, touchant celui de la marieuse, tous ces soins la regardent, elle s'en charge, avec tant de plaisir que nous n'avons à nous mêler de rien que de jouir du bonheur qu'elle nous prépare et qui sera son ouvrage. J'ai tenté d'être véridique dans tout ce que je viens de vous exprimer sur moi et mon caractère, excepté que j'ai encore le défaut d'être négligent à écrire des lettres, défaut qui a fait toujours le plus grand tort à mes affaires, et puis Adèle est bien capable de vous dire que je suis un peu paresseux ; voilà, je crois tout. J'ai dû vous dire tout pour ne pas vous tromper ; en attendant, je désire que cette lettre soit bien reçue et que vous nous annonciez votre départ par la prochaine. Adèle se charge de vous bien conseiller sur tout ce que vous lui demandez. Alors, je compterai tous les instants qui ne seront pas sans inquiétude pour cette longue et pénible route jusqu'à votre bonne arrivée au milieu de vos plus chers amis et de votre époux, et croyez, ma très chère amie, que je vous tiendra compte toute la vie du sacrifice que vous faites de venir me trouver. Permettez, ma très aimable épouse future, que je vous embrasse du meilleur de mon cœur. Vous y êtes déjà toute entière et je vous remercie des sentiments de bonté que vous avez déjà pour votre futur époux.

INGRES.

Le « connais-toi toi-même » de Socrate a inspiré ce portrait. Que pourrait-on y joindre sinon ce que M. Ingres y ajoutait lui-même, l'image visuelle de sa « petite personne » ?

Le cœur de Madeleine Chapelle peut tressaillir à la fois comme celui d'une jeune femme qui va connaître l'amour et comme celui d'une femme qui, sans être appelée par le destin à être mère, doit du moins remplir un rôle vraiment maternel. Son mari, en même temps que l'autorité d'un homme, va lui présenter par tant de côtés un esprit pétri de ce que nous nommons enfantillage, la façon de supprimer les nuances entre le bien et le mal, le dogmatisme étendu des principes de l'Art au domaine des sentiments, l'extériorisation naïve de la colère et de la tendresse, la contrariété morale causant un violent déséquilibre physique, tout ceci dans lequel une vraie mère doit faire jouer sa compréhension attend la femme de M. Ingres. A aucun moment de sa vie elle ne manqua d'y apporter tout l'adorable sérieux qu'il fallait, et M. Ingres prit pour habitude de ne jamais l'appeler autrement que « la bonne Madeleine ».

Madeleine Chapelle fut avec une joie très sûre l'épouse de M. Ingres. Si raisonnée que paraisse leur union, étant donné l'étrangeté de ce mariage à grande distance, on ne saurait douter à quel point fut vive l'intuition qui portait ces deux êtres l'un vers l'autre.

Si maintenant, après la lettre d'Ingres, on ouvre celle où Madeleine Chapelle prévient une de ses sœurs de son mariage prochain, on lit une page de merveilleuse gaieté :

Le 30 août 1813.

Tu dois, ma bonne amie, me trouver bien négligente d'avoir tant tardé à te répondre, mais c'est qu'il y avait de grandes affaires sous jeu et je ne voulais pas écrire avant que cela ne fût bien décidé. Tu voudrais déjà savoir de quoi il est question. Un moment, ne te presse pas, je vais te le dire. Je vous avais donné la commission de me trouver un mari, mais vous pensez à moi quand vous me voyez. Il faut te dire que je commençais à perdre patience, quand je me suis rappelé ce que tu m'écrivis lors de ton mariage, que vieille fille et vieux froment trouvaient toujours leur temps. Je me suis rassurée quand, aux beaux jours, on m'écrivit de Rome que l'on avait trouvé tout ce qu'il me fallait. Tu peux bien juger du plaisir que l'on m'a fait éprouver et cela m'a rajeunie de dix ans, de sorte que je n'en parais plus que vingt. Maintenant, parlons raison si je le puis ; c'est un peu difficile, j'en conviens.

Il est pourtant bien vrai, ma bonne amie, que je vais me marier, toutefois que cela convienne à mon père ; je te charge de lui demander son consentement et ses bénédictions.

Je voulais bien aller lui demander moi-même, mais cela est impossible, ce sera pour l'année prochaine, et j'espère bien lui mener son troisième gendre. Ah ! dame, c'est un joli garçon, je t'ai toujours dit que j'en voulais un bien joli. Je t'enverrais bien son portrait, mais ce sera pour la première lettre.

A présent, tu voudrais bien savoir qui il est ; je vais te le dire, c'est un peintre, non pas un peintre en bâtiments, mais c'est un grand peintre d'histoire, un grand talent, il se fait dix à douze mille livres de rente ; tu vois qu'avec cela on ne meurt pas de faim. Il est d'un bon caractère, très doux, il n'est ni buveur, ni joueur, ni libertin ; il n'a pas de défauts à craindre, il promet de me rendre bien heureuse, et j'aime à le croire. Tu crois que c'est à Guéret que je vais me marier, pas du tout, ma bonne amie, c'est à Rome, entends-tu bien, c'est à Rome, je vais devenir Italienne, je vais demeurer avec mes cousines, c'est à elles que je devrai mon bonheur. Il faut que mon papa ait la complaisance de me faire afficher à la municipalité et fasse publier mes bans et ensuite envoie son consentement et mon extrait de baptême avec l'extrait mortuaire de ma mère.

Cette lettre est du 30 août 1813. Le mariage est célébré dans un couvent romain le 4 décembre suivant.

Il n'y a pas certitude que pendant ces trois mois les relations épistolaires d'Ingres et de Madeleine Chapelle se soient continuées. D'un seul coup, très simplement, ils se sont tout dit. Il ne leur manque plus que de se voir.

C'est sans doute une minute bien émouvante celle

où, sur la Voie Cassia, par une chaude soirée de l'automne romain, la voiture de la fiancée s'arrête à la hauteur du tombeau de Néron. Madeleine Chapelle doit être timide et Ingres peu rassuré, non pas sans doute sur la personne que Mme de Lauréal a si bien et tant de fois décrite et de laquelle, son imagination aidant, il n'a plus rien à deviner... Il se sent ému par une crainte... En dessinant son portrait pour l'envoyer à sa future il n'a négligé aucune ressource de l'Art pour se rendre aimable. Il se prend à craindre, tout d'un coup, d'avoir trop insisté.

Mais voici que Madeleine Chapelle lui sourit et lui tend la main... Alors il reconnaît avec un inexprimable bonheur que rien ne la déçoit, qu'il n'a pas menti.

. . . .

Bien plus tard, M. Ingres évoqua dans le salon de la Villa Médicis lorsqu'il fut nommé directeur, cette première rencontre. Ceux qui écoutaient le maître étaient étonnés. On admirait que quelques lignes, d'écriture et un simple portrait au crayon eussent réussi à préparer le bonheur de M. et Mme Ingres.

Celle-ci, en entendant le récit, tricotait bonnement dans le salon directorial. — « Tu t'étais même joliment flatté », observa-t-elle. Tant d'amour, de sentiments communs et de soins l'avaient unies à M. Ingres qu'elle pouvait à présent le lui dire.

La remarque mit l'assistance en joie et M. Ingres lui-même rit avec un spirituel entrain.

CHAPITRE V

La vie sentimentale du jeune homme n'empêche pas le labeur du jeune artiste. Injustement Adèle de Lauréal l'accuse de paresse en jugeant peut-être sur la quantité seule de travail abattu.

Il y a d'ailleurs une façon simple de savoir si Ingres fut réellement paresseux. Qu'on consulte le catalogue de l'œuvre des maîtres. Sans mettre en regard de l'œuvre d'Ingres celle de Vermeer ou de Léonard puisque ces maîtres peignirent évidemment peu, lentement, songeons à ceux dont le faire paraît aisé. Vélasquez n'a pas produit plus d'une centaine de tableaux dans sa vie. Franz Hals, qui était expéditif, deux cents ; Rembrandt, qui tient un record, environ six cent cinquante. Quant à Rubens, exemple unique de fécondité, la commission instituée en 1879 à Anvers pour réunir des reproductions de toutes ses œuvres, en comptait deux mille deux cent trente-cinq. Comparée à celle des vieux maîtres, la production d'Ingres est quantitativement normale.

Il est vrai qu'on peut la trouver faible par rapport à la production de plusieurs artistes du XIXe siècle. Il est certain qu'au XIXe siècle le rythme de la vie commence à s'accélérer. Aussi peint-on plus vite. Cette condition qu'impose l'époque est la principale raison qui oblige de nombreux peintres et les plus vivants du XIXe siècle et surtout du XXe à changer petit à petit d'objet.

Contre cette tendance qui se manifeste déjà, sous le nom de Romantisme, vers le mouvement et le changement, Ingres manifeste tout d'abord l'arrêt.

Les moyens de l'Art sont trouvés, ne cesse-t-il de dire. Mais en même temps qu'il assure qu'ils sont trouvés, il lui faut avouer qu'on les a perdus, qu'il reste à les retrouver. C'est donc obliger à un mouvement quand même, en sens contraire, à une recherche consistant à repasser les étapes de formation d'une syntaxe.

De même que les esprits philosophiques remontent des effets aux causes, l'exercice de la peinture pour M. Ingres exige pareil effort. Il ne peut se contenter des raisons de trompe-l'œil qu'on donne dans les écoles pour étudier l'anatomie et la perspective. Il sent bien que ces grandes sciences doivent, pour le peintre, s'intégrer dans un plan plastique qui les conditionne, et que l'optique basée sur la vraisemblance n'a de raison d'être que pour la mise en jeu de l'esprit de découverte.

Il lui faut, partant de là, tout admirer depuis Cimabue dans cette grande évolution technique où chaque génération d'artistes et chaque région de l'Italie participent pour aboutir aux fresques de Raphaël.

Comment n'admirerait-il pas plus que tout dans l'œuvre du peintre d'Urbin le total de ce grand effort collectif exprimé avec une science d'expression si nourrie et si fraîche, une âme si aisée, si douce, une puissance de travail que ne trahit nulle défaillance, la sérénité de l'esprit, le sentiment délicat de la vie ?

Il résume tout cela en appelant Raphaël avec une conviction profonde un demi-dieu ou un homme-dieu.

Son culte n'est d'ailleurs pas exclusif, quoi qu'on ait dit. L'influence de Raphaël a cédé parfois à de véritables expériences d'archaïsme. A d'autres moments, il voit plus haut que Raphaël, il voit l'Antique, les Grecs.

« Raphaël lui-même, dit-il, pâlit à côté d'eux. »

Les phrases, les mots célèbres qu'il va prononcer plus tard devant ses élèves, il les mûrit à Rome. C'est à Rome qu'il s'ancre dans cette idée que « celui qui ne voudra mettre à contribution aucun autre esprit que le sien même, se trouvera bientôt réduit à la plus misérable de toutes les imitations, c'est-à-dire à celle de ses propres ouvrages », et qu'au contraire, « c'est en se rendant familières les inventions des autres qu'on apprend dans l'Art à inventer soi-même, comme on s'habitue à penser en lisant les idées d'autrui. Ce n'est donc qu'en observant, en étudiant incessamment les chefs-d'œuvre, que nous pouvons vivifier nos propres moyens et leur donner du développement. »

Avec de telles idées, il se trouve parfaitement disposé à entrer dans le rôle de pensionnaire de l'Académie de France tel que Colbert l'avait prévu.

L'Académie de Rome a été créée pour faire passer la frontière aux doubles de tous les chefs-d'œuvre et dans l'espoir que les jeunes artistes produiraient ensuite des œuvres personnelles nourries par les belles traditions. Pour être bien rempli, ce programme implique de la part des pensionnaires un esprit qui ne s'est pas souvent rencontré, même sous l'ancien régime.

L'essentiel pour beaucoup de jeunes gens est le titre de prix de Rome. Une fois arrivés dans cette villa, gagnée aux dés d'un fallacieux concours, vont-ils continuer à apprendre leur métier ou tout au moins se défaire au contact des maîtres d'habitudes douteuses ? Non. En général, ils croient très bien connaître leur affaire. De là entre l'esprit de l'institution et celui des bénéficiaires une grave différence.

Les règlements sont sévères. Ils traitent les lauréats comme de petits garçons, ne leur permettant pas même de se marier. Un directeur est chargé de surveiller leurs travaux, de les guider. Des envois annuels sont faits chaque année à Paris. Les académiciens les jugent, font parvenir leurs observations. En tout ceci se marque une autorité qui, dans la pratique, se trouve réduite à peu de chose.

Lorsqu'Ingres arrive, il constate que son directeur, Suvée, est un brave homme, ami du laisser-aller. Ses camarades ont une allure débraillée qui le choque profondément. Un seul, Granger, lui paraît supportable. Devant les autres il prend cet aspect désagréable, revêche, furieux, qui est sa seconde nature, son armure de défense. Suvée, voulant être agréable à Ingres, lui offre, plutôt que d'habiter la villa, une petite maison isolée sur la hauteur du Pincio avec une splendide vue sur Rome et un petit atelier exposé au nord. Personne n'en voulait. Ingres en est enchanté.

Avant qu'il s'installe, le directeur lui donne le conseil d'aller jusqu'à Ostie où l'attend ce spectacle merveilleux pour un homme de vingt-six ans qui ne l'a jamais vu : la mer.

« Rien au monde ne m'a fait plus d'impression », dit Ingres, puis il revient vite à Rome, car il a plus besoin encore des beautés de l'Art que de celles de la Nature. L'esprit fort excité et les membres légers, il lui faut prendre possession du Vatican, du Forum, de Raphaël, des Anciens, s'abreuver à pleins yeux. Il n'abandonne la vue de toutes ces merveilles que pour se plonger dans les livres, puis reprend ses crayons pour noter tel aspect d'architecture, telle composition des Loges, tel arrangement d'un portrait vénitien, se jugeant lui-même un bien petit bonhomme au milieu de tant de pensées et de tant de richesses, écrasé par les siècles et pris jusqu'aux entrailles.

Quand vient le crépuscule et qu'il se hasarde jusqu'à la nuit dans la campagne de Rome, il n'a pas encore le calme voulu pour jouir de ces horizons graves qui enchantaient les regards du Poussin.

Il marche entre les cyprès noirs d'un chemin sans s'émouvoir de l'aspect sculptural des chênes-lièges et des pins parasols, sans apercevoir escaladant la colline le moutonnement des oliviers dont le feuillage dense est une houppe légère sur leurs troncs bossués. Il ne s'arrête que devant les ruines, il se sent la passion de l'archéologie, les inscriptions le retiennent et l'éblouissent... savoir le Latin, le Grec... lire Homère dans le texte !

A défaut, il s'exerce à comprendre l'Italien et prête l'oreille aux propos des Romains.

Hélas ! Lorsqu'il paraît, la belle langue sonore s'arrête sur les lèvres, on attend pour reprendre la conversation que l'étranger soit passé...

Il n'y a pas à en douter, le peuple est peu favorable aux Français, surtout aux pensionnaires de la Villa Médicis. Ils ont manifesté leurs sentiments républicains de façon agressive sous la Révolution. A l'instigation des Français, Rome a eu quelques Jacobins, elle a connu un essai de République romaine, temps rempli de troubles dont on garde un mauvais souvenir. Rome n'a pas à se plaindre du gouvernement débonnaire des Papes. Toute entière ancrée dans des habitudes de paresse, elle ne demande nullement à sortir de sa vie facile et joyeuse.

Or de nouveaux orages la menacent. Par malheur pour elle, l'empereur Napoléon l'aime. Il l'aime telle que les souvenirs de l'Antiquité la lui font voir. Il accuse le Pape, les prêtres d'entretenir l'apathie de ce peuple. Le projet le tente d'y réveiller les mânes de Romulus, de Scipion et de César, de

PHOTO GIRAUDON

PORTRAIT DE MADEMOISELLE RIVIÈRE

(MUSÉE DU LOUVRE)

paraître lui-même dans la ville éternelle comme le successeur de ces héros.

L'Empereur ne laisse pas longtemps ses idées à l'état de rêve. A partir de juin 1809 Rome est officiellement une ville française et le chef-lieu d'un nouveau département de France.

A ce titre elle voit s'abattre sur elle une armée commandée par le général Sextius de Miollis et toute une cohorte d'administrateurs. L'Empereur a lui-même choisi ces hommes. Ils ne viennent pas en barbares à Rome. Pénétrés par la grandeur de son histoire, ils veulent que leur passage marque dans les annales de la cité. Avec une foi ardente, ils entreprennent de servir les desseins de Napoléon.

La domination française commence dans le moment où Ingres achève son temps de pensionnaire. Il va trouver auprès de ces Français épris de belles-lettres et de beaux-arts un public plus intelligent que les juges de l'Institut.

En effet les tableaux qu'il signe pendant son séjour à la villa reçoivent de sévères critiques de l'Académie. Son premier envoi, *Œdipe et le Sphinx*, est apprécié ainsi sous la plume de Ménageot :

L'on a trouvé dans la figure d'Œdipe de M. Ingres des parties correctement dessinées, bien peintes et rendues avec vérité ; mais on désirerait dans toute la figure plus de dégradation, de lumière et de couleur. La tête est d'un ton pâle qui n'a point de rapport avec tout le reste de la figure et elle manque de noblesse, les mains sont finement dessinées et bien peintes ; il est dommage que par la manière dont elle sont disposées elles forment deux lignes en équerre qui ne sont point heureuses. La cuisse et la jambe droites sont bien peintes et d'un dessin vrai. Si le rocher eût été d'un ton plus coloré et plus solide, cela aurait donné plus de valeur aux chairs, qui ne prennent pas un parti décidé sur les objets environnants. C'est une faute de perspective de n'avoir pas indiqué de lointain dans le fond du tableau, car le pied gauche et la partie du rocher sur lequel il pose étant vus en dessus, les lignes doivent tendre au point de vue qui ne peut être que sur l'horizon.

Quel profit le jeune pensionnaire peut-il tirer de ces sottises écolières ? Certes, l'Académie croit mitiger l'éloge et la critique en signalant des parties correctement dessinées. Mais, M. Ingres, lui, depuis qu'il est en Italie, croit apercevoir ceci : « Il n'y a pas de dessin correct ou incorrect, il y a du dessin beau ou laid, voilà tout. »

Quelle plaisante conception les Académiciens ont du dessin ! Il leur suffit qu'un bonhomme soit bien d'aplomb sur ses jambes ou bien assis sur sa chaise pour le trouver bien dessiné et selon leur propre mot « rendu avec vérité ».

Hélas ! Rien à faire pour combler le fossé qu'il y a entre la vérité de l'Art et cette vérité, — puisque les mêmes mots servent à tous les usages, — qu'on se plaît à reconnaître dans l'Académie et à propager dans l'école. Vérité fort réaliste en soi puisqu'elle n'échappe pas à la hantise des mesures les plus objectives et consiste principalement à apporter des corrections à ce qui est trop court ou trop long, mais vérité antiréaliste aussi, en ce sens qu'elle se double d'un poncif.

La tête d'*Œdipe*, au dire de l'Académie, manque de noblesse. Les Académiciens n'aperçoivent pas l'expression du visage si humain, au regard droit, calme, au profil très individuel et en même temps aussi pur qu'un beau camée antique.

Que faut-il donc pour être noble ?

Ménageot poursuit :

... « Les mains forment deux lignes en équerre qui ne sont point heureuses... »

La critique s'attaque là à une trouvaille plastique. Avec quelle audace gracieuse ces deux mains paraissent liées comme d'étranges corolles d'une fleur de chair...

Le rapport juge encore une baigneuse, celle que l'on a nommée depuis baigneuse de Valpinçon, du nom de son acquéreur qui la paya 400 francs.

L'Académie dit :

« En considérant le talent que M. Ingres montre dans ses ouvrages, on désirerait qu'il se pénétrât davantage du beau caractère de l'Antiquité et du style grand et noble que doivent inspirer les belles productions des grands maîtres des beaux temps de l'école romaine. »

Artillerie lourde et inoffensive, chaque phrase tombe ici à côté.

En 1811, lors du dernier envoi d'Ingres, *Jupiter et Thétis*, les Académiciens sont plongés dans la stupeur. Martin Drolling écrit à son fils pensionnaire à la villa : « Est-ce que Hingres *(sic)* se moque du monde ? Mais on n'a pas vu de pareilles charges que son tableau... »

L'Académie toute entière formule son sentiment avec tristesse : « Le tableau de *Thétis et Jupiter* de M. Ingres n'offre point ce qu'on avait lieu d'attendre de son talent et l'on voit avec peine que cet artiste semble plutôt s'efforcer à se rapprocher de l'époque de la naissance de la peinture qu'à se pénétrer des beaux principes qu'offrent les plus belles productions de tous les grands maîtres de l'Art. »

Ingres en lisant cela reste rêveur, car il compte parmi les grands maîtres de l'Art les Primitifs. Quant à l'idée que les maîtres à partir de la Renaissance forment le fond commun d'une seule tradition, c'est à ses yeux une plaisanterie insoutenable.

Ce vaste éclectisme l'indigne :

« O le plaisant et monstrueux amour que d'aimer de la même passion Murillo et Raphaël ! »

Décidément il faut défendre le Classicisme contre l'Académisme. Il faut défendre la Tradition contre ceux qui prétendent la défendre !

CHAPITRE VI

La promotion de 1810 amène à la villa au moment où il la quitte un jeune graveur en médailles et sculpteur d'un goût cultivé, Gatteaux, qui se prend d'une violente admiration pour Ingres et devient l'un de ses plus fidèles amis.

Il y avait déjà Gilibert. Il y aura désormais Gatteaux. Il y aura encore Marcotte.

Marcotte est dans la Rome nouvelle directeur des Eaux-et-Forêts. Désirant son portrait, il hésite à en confier le soin à Blondel. Gatteaux s'empresse de le conduire chez Ingres qui reçoit la commande. Tel est entre ces trois hommes le premier signe d'une amitié qui doit devenir profonde.

Gatteaux, Marcotte — et n'oublions pas Gilibert, un peu perdu par la distance puisqu'il est à Montauban, mais qui reste si fidèle ! — trois amis qui comprennent admirablement M. Ingres. Ils lui sont utiles par le secours moral dont il a si souvent besoin. Ils partagent ses colères en prenant soin de le calmer. Gatteaux et Marcotte qui sont riches lui commandent des tableaux.

Fier de son portrait, Marcotte le montre à tous les autres grands fonctionnaires de Rome. Il en décide plusieurs à poser ou à amener devant le chevalet du jeune artiste des êtres chers.

Ingres peint tous ces portraits en attendant des commandes de peinture d'histoire.

En effet, on aménage le palais du Quirinal pour l'Empereur toujours amoureux de cette idée que Rome va reconnaître en lui son maître et son fils. Napoléon a engagé ses fonctionnaires à représenter dignement la France et à mener grand train de vie pour éblouir la population. A plus forte raison veut-il dans son palais une débauche d'art et de luxe.

Les artistes de Rome, Français et Italiens, sont les premiers à s'en réjouir. Puis ils crient à la lésinerie en apprenant que les crédits ouverts prévoient 800.000 francs pour les literies, tables de nuit, chaises et fauteuils, 200.000 francs pour les glaces et 40.000 francs seulement pour la peinture et la sculpture.

Vivant Denon, directeur des musées impériaux, est chargé de faire pour le mieux avec cette somme. On le prévient d'ailleurs de Paris qu'il faut laisser certains panneaux vides, « le séjour de l'Empereur à Rome devant donner lieu à quelques faits historiques que la peinture pourra retracer ». Il s'agit, on le devine, du couronnement de Napoléon à Saint-Pierre et de son triomphe au Capitole. Ces faits prévus vont être dérangés par les événements. En attendant, Denon songe déjà à faire paraître dans une immense peinture *Napoléon donnant le code de ses lois à Rome*, dans une autre, *Napoléon ordonnant les embellissements de Rome*, dans une troisième, *La France confiant le jeune Napoléon à la ville de Rome*. Il n'a garde aussi d'oublier dans ses projets les héros dont descend le grand Empereur, c'est-à-dire César, Alexandre, Auguste, Léonidas, Trajan, Hector, Enée, Rémus et Romulus.

Dans ce lot, *Romulus vainqueur d'Acron*, est offert à Ingres. On lui demande encore la décoration d'un plafond. Il propose un sujet très pré-romantique : *le Songe d'Ossian*, qu'on accepte aussitôt, Ossian étant une des lectures favorites de l'Empereur.

Ces commandes officielles sont encore en chantier quand le général Miollis demande au jeune peintre un tableau représentant Virgile lisant l'*Enéide* devant Auguste. Le thème est établi en accord entre le général et le peintre. Arrivé à ce passage : « Tu Marcellus eris »..., la sœur de l'Empereur, Octavie, s'évanouit, ces mots lui rappelant le fils qu'elle a perdu. L'impératrice Livie, coupable de cette mort brutalement évoquée, est assise au-dessous de la statue du jeune héros. Froide, immobile, elle regarde avec mécontement le poète auquel l'empereur, d'un geste calme, semble demander de suspendre sa lecture.

Deux autres personnages sont présents : Agrippa, les yeux attachés sur Livie, devinant les pensées qui l'agitent, et Mécène, tout entier séduit par les vers du poète, étranger au drame qui se déroule.

Le fervent Virgilien qu'est le général Miollis peut, comme un « curieux » au temps du Poussin, se réjouir que son peintre s'applique à « dérouler à rebours le livre du Temps pour montrer en images une action que les Anciens ont eu le bonheur de connaître en réalité ».

Il n'y aurait aucune raison de croire que les anciens amateurs, étayant leur goût sur l'histoire, exigeant une mise en scène bien pensée, n'aient pas eu sur la peinture une vue claire. Tout ce qui peut entrer dans l'Art d'éléments intellectuels par le sujet ou par l'expression des personnages n'est devenu un superflu que de nos jours. En avons-nous plus de goût ?

L'idée de faire vivre une peinture seulement par quelques éléments plastiques décantés de tous souvenirs littéraires ou historiques n'aurait même pas effleuré l'esprit de Poussin. Pour Ingres on peut admettre qu'il y a quelquefois songé. Du moins lorsqu'il a un beau sujet comme celui de Virgile s'efforce-t-il d'en éclairer le sens en y subordonnant toutes les ressources de son art.

Le général Miollis, nouveau Mécène de la Rome nouvelle, a réuni une merveilleuse galerie comprenant cent quatre-vingt-dix toiles signées par Caravage, Véronèse, Tintoret, Velasquez, Holbein, Andrea del Sarto, Philippe de Champagne, Teniers, Bellini, Poussin, Tiepolo, Guido Reni, Luca Giodano, Zuccani, Borgognone, Carrache.

Parmi les contemporains, il acquiert des toiles de David, de Granet dont il est le compatriote aixois et l'ami, sans compter les œuvres de quelques autres plus modestes artistes de la Rome qu'il administre.

Invité bien des fois chez le général, Ingres ne peut

se retenir à la fin, plutôt que de flatter l'amour-propre du collectionneur, de critiquer une part de ses choix. Il plaide passionnément la cause du Beau. Les mensonges de l'Art ont pu faire admettre parfois le Laid. On a appris à admirer des scènes et des choses dont, selon le mot de Pascal, nous n'admirons point les originaux, mais quel que soit l'agrément de pareilles peintures, la part de vérité qui s'y trouve, leur point de départ est faux. Voilà ce qu'il cherche à expliquer au général. En amateur éclairé, celui-ci n'entend pas voir approcher de cette façon les bornes du bon goût .

Ingres invoque alors les Grecs. Puis il convient que trop de conceptions esthétiques ont passé depuis des siècles, qu'on s'entend mal sur le Beau.

— Il y a dans l'Art tant de réussites différentes, dit le général, qu'il semble évident qu'aucune filière n'est en soi meilleure à suivre qu'une autre.

Ingres ne peut admettre cette conclusion trop dangereuse. Puisqu'il ne réussit pas à convaincre en prêchant, il prend tout d'un coup l'air de ne plus rien comprendre à cette discussion. Il boude. Le général n'insiste pas. Il n'a guère le loisir d'ailleurs de réfléchir autant que son sentiment l'y porte, aux problèmes de l'esthétique. La charge énorme qui lui incombe de réveiller les Romains et de rendre Napoléon populaire lui vaut de jour en jour plus de déboires. Le général Miollis ne peut se faire aucune illusion à ce sujet.

Le jour de son entrée à Rome, le 9 juin 1809, il

avait fait payer par la police quelques crieurs pour parcourir les rues en s'essoufflant : Evviva l'Imperator ! Et le soir même la police lui ramenait sous la forme d'un libelle appelé pasquinade le sentiment de la population :

Capo ladro questo Napoleone
Persecutore della relligione
Emulo di Nerone...

« Chef de bandits ce Napoléon, persécuteur de la religion, émule de Néron. »

Cette première expression populaire de mécontentement, six ans d'administration française ne font que l'exaspérer. Pour justifier toutes les mesures les plus contraires aux goûts des Romains, les Français prodiguent des harangues flatteuses où on accable ce peuple sous les souvenirs de son histoire. Cela n'empêche nullement Rome d'être mécontente. Tous se plaignent : le peuple, qu'on lui impose les bienfaits de la vaccine, les innombrables fonctionnaires italiens, qu'on diminue sans pitié leur nombre, les moines et les curés, qu'on réduise leur influence.

La lutte entre Rome et ses administrateurs prend parfois un aspect inattendu et cocasse. Les fêtes du Carnaval sont en 1809 interdites par le Pape en signe de protestations. Les autorités françaises averties que c'est là une grosse pénitence pour ce peuple insouciant veulent méconnaître l'autorité du souverain pontife en la matière. Puisque les boutiques de déguisements sont fermées, la gendarmerie les ait ouvrir. La charge incombe aux gendarmes de veiller à ce que tout le monde puisse s'amuser. Naturellement ce carnaval forcé échoue et c'est un épisode passablement ridicule.

Le Pape, qui se considère comme prisonnier au Quirinal, gouverne encore. Ses émissaires se répandent journellement dans Rome, organisant l'opposition.

Après de multiples hésitations, au milieu de conseils contradictoires, le général Miollis pense que la résistance sera brisée si le Pape n'est plus dans Rome. Par surprise, dans la nuit du 5 au 6 juin, Pie VII est enlevé de son Palais, emmené hors de ses États, véritablement prisonnier cette fois.

Rome se réveille dans la consternation. Le coup de force ne l'a nullement acquise à Napoléon. Il aurait été sage de s'y attendre. Les difficultés les plus imprévues continuent. Les fouilles du Forum décidées avec enthousiasme par les Français soulèvent les protestations des voisins. Ils se plaignent qu'on creuse à leurs portes des trous où ils peuvent « se casser la figure ». Il en va pour tout ainsi. L'activité bourdonnante des fonctionnaires de Napoléon ne soulève que des lamentations.

Lorsqu'il s'agit d'organiser la conscription, c'est bien pis. Les jeunes Italiens qu'on veut arracher à la douceur de leur patrie pour en faire des soldats de la grande Armée crient à pleins poumons : « Non vogliamo andare alla guerra ! »

Pour échapper à la *leva* les garçons préfèrent se faire bandits, trouvant auprès de la population, bien qu'ils vivent à son détriment, de précieuses complicités et jusqu'au concours des prêtres. En 1813, le brigandage atteint de telles proportions qu'il faut considérer que la vie normale est atteinte et l'on ne sait comment lutter contre un tel fléau.

En outre les Anglais croisent à proximité des côtes italiennes, faisant des simulacres de débarquements.

De son côté, Joachim Murat, roi de Naples, joue un rôle bizarre. Au moment où de sinistres craquements annoncent la fin de l'Empire, la poignée de Français qui se trouvent à Rome continuent avec crânerie une tâche impopulaire. Chose remarquable, ils inspirent dans leur personne même un certain respect. On sent que leurs intentions n'ont pas été impures. Ils aiment réellement Rome, tout au moins comme Corneille, Montesquieu, David et Talma leur ont appris à l'aimer.

Dans les jours de débâcle de 1814, les fonctionnaires de l'Empereur quittent cette ville que leur passage a bouleversée sans qu'on leur fasse violence.

Seul le général Miollis s'enferme au château Saint-Ange avec un semblant d'armée pour soutenir sans bataille un siège de quarante-neuf jours contre le roi de Naples qui démasque finalement ses ambitions.

Les événements se précipitent.

Le 10 mars 1814 un décret de Napoléon rétablit le Pape dans ses États. Une foule considérable vient assister à la retraite du général Miollis. On voit avec une certaine émotion s'ouvrir de bon matin les portes du château Saint-Ange. Le général suivi par treize cents soldats, tambours battants, drapeaux déployés, s'en va fièrement, emportant fusils et canons. Suivent dans des charrettes deux cents soldats malades.

Le drapeau aux trois couleurs du château Saint-Ange glisse de sa hampe et le drapeau du roi Joachim flotte sous le ciel de Rome.

Joachim Murat a le désir de conquérir les cœurs. Les prêtres que Napoléon avait jetés en prison sont délivrés. On restitue au clergé ses biens confisqués. A la foule des petites gens les gages du Mont-de-Piété sont rendus. On distribue quatre mille écus aux familles nécessiteuses. Dans le chapitre des largesses les artistes ne sont pas oubliés. Ingres est chargé de commandes. Il se rend à Naples pour peindre le portrait de la reine Caroline et pour y préparer un tableau qui doit réunir autour du merveilleux Joachim, — avec son extraordinaire uniforme à soutaches, galons, brandebourgs, fourrures, sabretaches, épaulettes, complété par un képi à panache, un sabre turc et des bottes molles, — les membres de la famille royale. Ce roi fastueux, malgré ses bonnes intentions et ses splendides atours, n'en impose pas beaucoup au peuple romain.

« E mutato il maestro di cappella, ma la musica e sempre quella », dit-on.

« Le maître de chapelle est changé, mais la musique est toujours la même. »

Et les Romains patiemment réservent l'éclat bruyant de leur joie pour le retour du Pape qui désormais ne saurait tarder.

CHAPITRE VII

Cependant que ces événements historiques se déroulent, Ingres a de graves soucis familiaux. Marié en 1813, il attend un bébé. L'enfant meurt dans un douloureux accouchement dont Madeleine Ingres se remet difficilement.

Ensuite une triste nouvelle lui vient de Montauban. Le 14 mars 1814 son père, qu'il aimait beaucoup, est mort. Il veut aussitôt que sa mère vienne à Rome pour la consoler. Projet un peu audacieux peut-être en ces temps troublés. Il est vrai que malgré quelques émeutes et quelques cris contre les Français, les Italiens ne montrent guère de méchanceté. Quand le préfet de police Norvins a quitté Rome, n'a-t-il pas vu venir à lui pour traverser les villages, en pleine insurrection, quatre obligeants brigands qui lui ont fait escorte et l'ont protégé ?

Ingres est persuadé que sa mère ne risquera rien des brigands. Ils sont assez chevaleresques pour aider au cours de son voyage une vieille femme sans ressources.

Mme Ingres se décide à venir. Elle en donne la nouvelle le 5 août 1814 dans une longue lettre écrite sans doute avec le secours de Gilbert, et par laquelle Ingres peut apprendre que la pauvre femme est en proie à de gros ennuis matériels. Elle lui en donne tout le détail :

Tu me demandes des renseignements sur nos moyens d'existence ; je vais t'en tracer ici l'état ponctuel. Dans la maladie de ton père, il était sans argent comptant ; je l'ai donc aidé de mes faibles ressources. A son inventaire nous trouvâmes 832 francs de billets ; ils sont pour ainsi dire perdus ou, du moins, avec beaucoup de frais d'avance, on n'en pourra tirer que 400 par des saisies et par des acomptes d'année en année. L'inventaire du mobilier se monte à 975 francs. Je fus donc forcé de vendre les objets de plus de valeur pour couvrir les frais de sépulture, d'apposition et de levée des scellés, de nomination de curateur, etc... qui s'élevaient à 368 francs. Je dus acquitter ensuite divers mémoires ! comme de boulanger, médecin, apothicaire, chirurgien, cordonnier, etc... qui montaient à 417 francs. Je fis il y a peu de jours un voyage à Toulouse pour y vendre quelques effets dont je ne trouvais aucun prix ici, et là on me réclama encore des dettes de mon mari qu'il a fallu acquitter et même une des tiennes à M. Roque de 78 francs, restant du billet de 150 livres qui t'a été présenté par son fils et auquel tu n'avais donné comme acompte que trois louis. En sorte que, tout compte réglé, nos espérances après le décès de ton père se réalisent presque à rien. Il nous reste de lui une partie des meubles, quantité de vieux modèles, des plâtres, des gravures, un peu de bibliothèque, celle que tu lui as vue. Tu vois d'après cela, d'après cet exposé, ce que je laisse à tes deux sœurs et à ton jeune frère qui a quinze ans, avec le peu de meubles précité et le peu d'argent comptant provenant de la dernière vente faite à Toulouse. Tes deux sœurs savent un peu de musique : la cadette touche le piano et l'aînée de la guitare ; mais elles n'ont pu avoir assez de maîtres pour les perfectionner, de manière que ces talents sont infructueux. Elles brodent et cousent très bien, et c'est avec cette seule industrie qu'elles se pourvoient, talent peu lucratif, mais qui suffira, je l'espère, à leurs besoins. Le plus jeune n'a jamais eu de dispositions ; tu sais la manière qu'avait ton père, quand tu étais à l'étude, et celui-ci ne l'encourageait pas à en faire un peintre ; il lui fit choisir l'état de chapelier ; il est à sa dernière année d'apprentissage. On le dit très adroit. Après cela il se pourvoira de son mieux : il faut que je lui assure encore sa nourriture pour un an et son entretien...

Ingres reconnaît dans cette lettre la précision avec laquelle sa pauvre mère a, sa vie durant, maintenu l'équilibre d'un budget incertain. Il pleure et se lamente de n'avoir aucune économie derrière lui pour envoyer de l'argent à sa famille. Avec le départ des Français de Rome, comment va-t-il vivre lui-même ? Il ne peut même plus compter sur le roi Joachim dont les affaires commencent à mal tourner.

Le malheureux monarque est dépassé par les événements, il ne réussit pas à garder Rome et ne sachant comment faire pour jouer au plus fin il prend le parti de rétablir à son tour Pie VII dans ses États.

Le 24 mai, le Pape fait une entrée solennelle à

Rome au milieu d'une foule immense qui trépigne et qui pleure. Les chevaux de sa voiture sont dételés et les jeunes gens des nobles familles traînent eux-mêmes le douloureux pèlerin de Savone et de Fontainebleau jusqu'au Quirinal, le palais aux stucs frais, aux marbres neufs, aux dorures éclatantes, aux peintures encore inachevées, qui attendait Napoléon.

A cette époque les dernières commandes importantes que reçoit Ingres sont celles du portrait de Mme de Senonnes et un tableau commandé par Marcotte, *le Pape Pie VII tenant Chapelle*, œuvre devenue célèbre pour l'harmonie parfaite et la profondeur soutenue de la couleur.

La production qui suit à partir de 1815 est en partie faite de portraits dessinés.

Depuis longtemps il a acquis dans ce genre une grâce si particulière que dans toute l'histoire de l'art on n'en trouve chez aucun maître l'équivalent.

Dans la longue série de ses portraits dessinés, on reconnaît la plupart des types humains à tous les âges de la vie. Devant tant de physionomies à l'expression si juste, tant de poses et d'attitudes qui sont aussi naturelles que jolies, même les détracteurs les plus acharnés d'Ingres se sont tus.

La facilité avec laquelle il jette sur le papier ces merveilleuses petites figures en fait un moyen commode pour gagner sa vie.

Il suffit de s'entendre avec le portier d'un hôtel. Persuasif à la façon italienne, il n'est pas d'Anglais que le brave homme ne contraigne, pour avoir son tant pour cent, à se rendre Via Gregoriana et à lâcher le prix d'un de ces minuscules chefs-d'œuvre : 20 francs.

— C'est ici que demeure le dessinateur de petits portraits ? demande en se présentant un jour un sujet britannique.

Ingres a lui-même ouvert la porte :

— Non, Monsieur, répond-il, ici demeure un peintre d'histoire.

Sur ces deux mots qui contiennent sa conception de l'art, il ferme la porte.

Madeleine Ingres doit tenir compte des nerfs de son mari. Il est profondément heureux pendant quelques jours parce qu'il reçoit du gouvernement de Louis XVIII la décoration du Lys, mais il bout de n'avoir pas de commandes et de manquer d'argent. Elle, pourtant, s'arrange pour le mieux, elle coupe et coud elle-même les habits de son peintre d'histoire.

Leur situation n'est d'ailleurs pas tellement désespérée. Quand un nouvel ami, le peintre Alaux vient les voir, il dit raisonnablement que l'imagination d'Ingres pousse tout au noir.

— Vous êtes heureux, mon cher Ingres, comme on l'est vraiment, sans presque s'en apercevoir. Quel luxe vous manque ? Les murs de votre maison sont tapissés d'études et de tableaux qui feraient envie à un prince. Allez-vous vous aigrir quand Rome est dans la joie de retrouver son Pape ? Quand le soleil entre dans votre appartement et y fait jouer la lumière, l'ombre et la demi-teinte ? J'en parle en peintre, mon bon ami, ne voyez pas que l'Histoire. Faites-vous un peu les yeux de Metzu ou de Peter de Hooch. Peignez quelques scènes d'intérieur puisque vous n'avez pas de grandes commandes.

— Ce n'est pas mon genre, mon brave Alaux, mais laissez-vous tenter vous-même. Peignez chez moi ce petit effet de clair-obscur que vous voyez. Je poserai avec ma femme pour animer par des figures votre tableau.

Et voici les deux peintres qui composent ensemble une œuvre intime de petit maître.

La composition en est exquise dans son mélange de naturel et d'apprêt. Au premier plan, Madeleine Ingres debout dans une large robe blanche où elle paraît opulente comme une femme de Rubens, s'accoude sur le dossier d'une chaise. Sur un meuble en face d'elle, son grand chapeau de paille à rubans de velours est posé devant une statuette antique. Une large porte ouverte à deux battants entre elle et cette nature morte nous fait pénétrer dans une pièce plus éclairée où Ingres assis tient son violon à la main. Derrière lui, une seconde porte ouverte, auprès de laquelle un petit chat est pelotonné, laisse voir une troisième salle, largement éclairée celle-là. Ingres y peignait un moment auparavant car le chevalet, la boîte à couleurs, les chiffons, les ustensiles du peintre y accrochent en désordre la lumière, et les murs sont tapissés de dessins, de gravures, de peintures inachevées.

Voilà donc le tranquille intérieur qui séduisit Alaux. Mme Ingres mère a habité là quelque temps avec ce fils qu'elle aimait et admirait à la fois. Elle se plaisait à sa peinture et appréciait aussi le sérieux de son caractère, la bonté de son cœur. Elle avait surtout loué Dieu qu'il eût épousé Madeleine, puis était repartie à Montauban pour y mourir en gardant une dernière vision de ce fils qui vivait à Rome, qui n'était pas pareil à ses autres enfants et donnait soudainement tant de lustre au nom d'Ingres.

CHAPITRE VIII

Lisant beaucoup, Ingres résume ses lectures ou bien en copie de longs passages dans des cahiers soigneusement numérotés. Le cahier I est intitulé *Philostrate, sujets anciens.* Le cahier II renferme les sujets des tragédies grecques. *Eschyle, Sophocle, Euripide.* Le cahier III s'annonce ainsi : *Pline et la Grèce.* Le cahier IV est réservé aux *Dieux et Héros, leurs mœurs et coutumes.* Dans le cahier V Ingres copie des passages de l'*Odyssée,* dans le cahier VI des passages de l'*Iliade.* Le cahier VII contient des notes prises dans Vasari sur *Raphaël et d'autres artistes.* Le cahier VIII est la traduction d'un *manuscrit italien* sur les coutumes des Grecs, qu'il a acheté un jour, fait traduire et recopier. Le cahier IX renferme une suite de notes sur des sujets qui, en dehors de l'antiquité, peuvent offrir matière à des tableaux. Le cahier IX se transforme dans la suite en cahier de réflexions personnelles sur l'Art, où l'on saisit la doctrine d'Ingres non plus seulement par les anecdotes et les rapports de ses élèves, mais écrite de sa propre main

Une des réflexions qu'on y peut lire se rapporte à un genre de préoccupations qu'il eut à deux reprises, dans les dernières années de son séjour à Rome à partir de 1815, puis de nouveau sur la fin de sa vie :

« En parcourant Montfaucon, je me suis convaincu que l'histoire ancienne de la France du temps de saint Louis et autres était une mine à exploiter, que les costumes sont très beaux et quelques-uns se rapprochent des choses grecques, que ceux mêmes qui paraissent bizarres ne le sont peut-être qu'à cause du peu d'art avec lequel ils nous ont été transmis, mais que les belles têtes, les beaux corps, les belles attitudes et gestes, étant de tout temps, un peintre d'histoire qui s'emparerait de ce siècle en pourrait tirer un bien grand parti, aussi beau que possible du côté de l'art et bien plus intéressant du côté des contemporains à qui, tout beaux qu'ils sont, Achille, Agamemnon, tiennent moins à cœur que saint Louis, Philippe de Valois, Louis le Pieux et tant d'autres, et il faut aussi avouer que l'amour de la religion qui animait les vieux temps donne aux tableaux un air mystique, simple et grand, particulièrement aux femmes et même aux hommes.

J'en conclus qu'il me faut essayer cette route positivement et me contenter d'explorer les Grecs sans lesquels il n'est point de vrai talent, à les amalgamer pour ainsi dire au nouveau genre. C'est comme cela que je peux devenir un novateur spirituel, adroit, et donner à mes ouvrages un beau caractère inconnu jusqu'ici et qui n'est que dans les ouvrages de Raphaël...

Donc, peignons des tableaux français, les Duguesclin et autres...

Ingres va-t-il être servi dans ses souhaits ?

La famille d'Albe lui commande justement *le Maréchal de Berwick recevant la Toison d'Or*, et *le Duc d'Albe à Sainte-Gudule.*

Malheureusement, en étudiant l'histoire, Ingres apprend que le duc d'Albe a présidé à des massacres qui ont terni sa mémoire, et il prend ce personnage en horreur, songe à faire intervenir auprès de lui un groupe de démons. La famille d'Albe repousse cette fantaisie. Le tableau reste inachevé.

Le cahier IX est rempli d'anecdotes sur l'Arétin. Ingres a lu avec plaisir la scène qui le met aux prises avec le Tintoret. Malmené par l'écrivain, le peintre avait fait semblant de se réconcilier avec lui, puis, l'ayant invité à venir poser pour son portrait, au cours de la première séance, il s'était brusquement levé, un pistolet à la main. L'Arétin avait cru sa dernière heure venue. Le Tintoret lui expliqua qu'il voulait avec son pistolet prendre des mesures. Ingres trouve cette innocente vengeance délicieuse. Comme il aimerait lui aussi tenir sous un pistolet un de ces journalistes qui l'ont si sottement critiqué ! Il se met à la place du Tintoret et voit fort bien l'Arétin sous les traits d'un Landon. Celui-là est peintre en même temps que critique, ses appréciations ne l'en ont que touché davantage. M. Ingres, malgré les années, y pense encore. Il dit en pâlissant de rage que « ce Landon en a menti... par sa bouche ! »

Ainsi excité, il se met avec amour à son petit tableau.

Une autre histoire de l'Arétin l'inspire : ce maître-chanteur dit à l'envoyé de Charles-Quint qui lui remet une chaîne d'or après l'expédition malheureuse devant Alger : « C'est un bien petit cadeau pour une si grande sottise. »

Puis il revient à des sujets français, utilisant beaucoup Henri IV auquel bien d'autres artistes en France pensent dans le même temps. C'est l'effet de la Restauration. Le public apprécie ces images comme Ingres l'a effectivement deviné.

Le comte de Blacas, le nouvel ambassadeur à Rome, lui demande en 1817 un *Henri IV jouant avec ses enfants*, puis il veut la copie d'une miniature d'Augustin représentant Louis XVIII. Tâche subalterne, qu'Ingres s'apprête à refuser, mais il pense qu'il faut vivre. Il craint aussi d'avoir l'air de se donner des idées politiques quand il n'en a aucune. Il accepte.

L'exemple d'un ami, le sculpteur Lemoyne, pensionnaire à la villa, est fait pour lui inspirer courage. Ce pauvre Lemoyne a commencé dans un bloc de marbre un buste de Napoléon. Il faut à présent en taillant dans le même bloc le transformer en Louis XVIII !

Ingres entre en rapport avec un nouvel acheteur, la Société des Amis des Arts de Paris. On lui offre cinq cents francs pour un petit tableau. Il donne un chef-d'œuvre : *Francesca da Rimini et Paolo Malatesta.* On comprend l'enthousiasme d'Ingres pour les costumes du XVe siècle. Ce jeune corps de Paolo, comme il est ganté dans son habillement collant ! Ce n'est plus qu'une souple arabesque humaine, et avec quelle timidité consentante Francesca reçoit son baiser !

On peut se plaire à imaginer la satisfaction des Amis des Arts lorsqu'ils reçoivent ce tableau.

Mais les voilà tous qui critiquent l'invraisemblance de la pose et se plaignent d'avoir gaspillé l'argent de la Société, Un seul, un peintre, M. Turpin de Crissé, se fait le timide avocat d'Ingres. On lui propose de garder le tableau pour lui et de donner une de ses œuvres en échange. Flatté dans son amour-propre, il accepte. L'orage qui planait sur la société s'est dissipé. Elle se débarrasse élégamment d'une œuvre d'Ingres. Elle a maintenant un Turpin de Crissé ! Excellente occasion de se féliciter mutuellement.

Ce n'est pas la seule fois qu'Ingres rencontre pour le défendre un artiste. Le nouveau directeur de la Villa Médicis, Thévenin, se prend d'affection pour lui et met son influence à son service. Il écrit au ministre de l'Intérieur :

... Il est doué d'un sentiment fin et délicat. Sa manière est ferme et châtiée. Il lui a manqué jusqu'ici l'occasion de montrer tout ce qu'il sait. Il appartient au gouvernement de le mettre à même de développer un talent original et tout à fait en dehors de la route battue ! Il a exécuté en dernier lieu deux petits tableaux d'un pinceau très précieux ; il médite quelque chose de plus important, mais il lui faudrait un loisir et une tranquillité dont le prive son manque de fortune ; il a besoin d'être soutenu et encouragé et mérite à tous égards l'attention et la bienveillance du gouvernement.

De son côté, M. de Blacas fait des démarches. Enfin cette double insistance porte ses fruits. Ingres reçoit la commande pour une église de Rome, la Trinité des Monts, de *Jésus remettant les clefs à saint Pierre*. En outre, l'ambassadeur provoque l'achat par le roi Louis XVIII de *Roger délivrant Angélique*.

Ce tableau est exposé à Paris au Salon de 1819 ainsi que le *Maréchal de Berwick et Philippe V*, et une *Odalisque couchée*.

Ingres écrit à Marcotte en lui parlant de ce triple envoi : « Je désire qu'ils vous plaisent. Ils seront en proie aux chiens dévorants. Dieu les sauve ! » Mot qu'on peut curieusement rapprocher de celui de Delacroix se plaignant d'être livré aux bêtes. Ne serait-ce pas à l'incompréhension extraordinaire de ce public du XIXe siècle, à la nullité d'une grande partie de sa critique que nos peintres d'aujourd'hui doivent, par le jeu des compensations, d'avoir la vie facile ?

En 1819, Ingres, qui a trente-neuf ans, va être traité de haut par un Landon, par un Kératry ! Le premier lui reproche d'avoir mal saisi la leçon des Primitifs, ce à quoi Ingres répond un jour : « Je veux bien qu'on sache que, depuis longtemps, mes ouvrages ne reconnaissent d'autre discipline que celle des Anciens, des grands maîtres de ce siècle de glorieuse mémoire où Raphaël posa les bornes éternelles et incontestables du sublime de l'art. Je crois avoir prouvé dans mes tableaux que mon unique ambition est de leur ressembler et de continuer l'art en le reprenant où ils l'ont laissé.

« Je suis donc un conservateur des bonnes doctrines et non un novateur. Je ne suis pas non plus, comme le prétendent mes détracteurs, un imitateur servile des écoles du XIVe et XVe siècle, quoique je sache m'en servir avec plus de fruit qu'ils ne savent voir. » Quant à Kératry, il lui est réservé de trouver un mot qui surnage encore comme exprimant bien les déformations qu'ose M. Ingres dans son dessin. C'est Kératry en effet qui trouve que la *Grande Odalisque* a trois vertèbres de trop.

Un autre critique du *Journal de Paris* écrit :

Malgré toute ma disposition à l'indulgence, je ne ferai point de compliments à M. Ingres qui, parvenu à l'âge où le talent des artistes doit être dans toute sa force, semble prendre à tâche de nous ramener au goût de la peinture gothique.

Mais le chef-d'œuvre de cette critique est un dialogue où Jal fait parler l'ombre de Diderot. Réveillé dans sa tombe, le malheureux écrivain est censé dire :

... M. Ingres a pensé que la peinture des XIIe et XIIIe siècles était encore de mode aujourd'hui ou qu'elle pouvait le redevenir, mais, peu content du coloris des maîtres qu'il estime par-dessus tout il a cherché de nouveau tons sur sa palette ; il s'est fait une manière, une couleur ; son Odalisque est sortie violâtre de ses mains ; son Philippe V, violâtre ; sa belle exposée sur un rocher, violâtre. Cependant son Odalisque est jaune ; son Philippe, jaune ; sa belle exposée, jaune ; si je les considère d'un autre côté, je vois son Odalisque bleue ; son Philippe, bleu ; sa belle exposée, bleue, Arrangez tout cela si vous le pouvez, riez si vous le voulez ; pour moi, je suis très embarrassé de ma contenance, je vois des figures bien dessinées, je trouve dans cette monotonie un grand germe de talent. Je suis prêt à crier bravo ; mais je regarde encore une fois et je dis : original et maniéré.

CHAPITRE IX

Inlassable, Thévenin, dans sa correspondance avec le ministre de l'Intérieur, veut après *Jésus remettant les clefs du Paradis à Saint Pierre* une nouvelle commande pour Ingres.

Quoique les productions de cet estimable artiste, écrit-il, aient souvent été l'objet de la critique du public et d'articles de journaux très amers que ce même public prend trop souvent pour guides, les véritables connaisseurs et la classe plus éclairée des artistes ont toujours su apprécier les parties de l'Art les plus relevées qui sont celles que M. Ingres possède éminemment... Si d'ailleurs ses ouvrages ont de l'originalité, n'est-ce pas plutôt un motif de l'encourager pour montrer à ceux qui ne connaissent que la route battue, qu'il y a plus d'une voie et plus d'une manière pour réussir.

Ingres n'est pas homme à se plier aux démarches et sollicitations qui précèdent les faveurs accordées par l'État. Par bonheur, d'autres s'en chargent pour lui. Outre Thevenin, le baron Portal, originaire de Montauban, devenu ministre, désire que la fortune officielle sourie à son compatriote. Il obtient la commande d'un tableau pour la cathédrale de Montauban. On offre à Ingres trois mille francs pour peindre quelque chose, en le priant de s'adresser au préfet du Tarn-et-Garonne pour savoir quoi. On semble, en faisant cette commande de la sorte, indiquer qu'elle a été arrachée de vive lutte et qu'on veut surtout ne pas déplaire au baron Portal.

Ingres, sensible aux nuances, en est chagrin. Il écrit au Préfet, proposant une Assomption. Le Préfet consulte l'évêque, lui suggère comme sujet le *Vœu de Louis XIII plaçant le royaume de France sous la protection spéciale de la Sainte Vierge.* Le prélat accepte, insistant seulement pour que le tableau qu'on lui offre soit bien grand. Il le veut de quatorze pieds sur huit.

Ingres, averti des décisions de ces deux personnages, ne peut s'empêcher de trouver que le prix de trois mille francs est faible pour un pareil travail. On lui avait donné trois mille francs dans sa jeunesse pour un simple portrait du Premier Consul !

Il n'en fait pas une question d'argent, mais il faut payer le châssis, la toile, les couleurs, les modèles et vivre.

Comment l'État comprendrait-il ? La Restauration commande avec une prodigalité inouïe des tableaux de sainteté. On veut servir ainsi les intérêts confondus de la Religion, de l'Art et de la Monarchie. Avec ce magnifique dessein, impossible d'admettre que le *Vœu de Louis XIII* demandera quatre années de travail. Impossible de tenir compte des scrupules d'un peintre isolé à Rome qui ne paraît pas content lorsque ses confrères sont satisfaits. Que ne fait-il comme eux un tableau en quelques semaines !

Ingres en prend son parti, il travaillera pour la gloire. Il décide alors de quitter Rome pour Florence où se trouve son vieil ami Bartolini. Celui-ci l'assure qu'il trouvera facilement des portraits.

Malheureusement pour le tableau du *Vœu*, Ingres se heurte à Florence à un gros ennui. Cette ville, à l'encontre de Rome, ne possède pas de modèles professionnels. Ingres demande à un ami, le graveur Constantin, de poser pour la Vierge. Il se fâche, trouvant qu'il donne mal le mouvement qu'il désire. Finalement il préfère poser lui-même et diriger, autant que faire se peut, la main de Constantin qui fait les croquis.

Quelle surprise pour un peintre académique pénétrant dans l'atelier d'Ingres à ce moment s'il pouvait voir cette décomposition théorique entre le schéma d'une figure et le caractère final qu'elle doit revêtir !

Les quelques artistes français de passage à Florence qui voient le tableau en cours d'exécution expriment leur admiration. Granet, Guérin, Géricault, apportent à Paris la nouvelle qu'Ingres produit un chef-d'œuvre.

L'Académie réfléchit. Au moment où s'annoncent les ennemis romantiques, n'est-il pas bon d'attirer Ingres à elle ? Malgré son étrangeté, il a suivi la filière et il est élève de David...

Le 29 janvier 1824 une lettre de Quatremère de Quincy, secrétaire perpétuel, avertit Ingres que l'Académie le nomme correspondant et lui offre ce titre « comme témoignage de son estime ». La nouvelle a de quoi surprendre quand on songe au passé. Ingres l'accueille ainsi : « Allons, je n'ai plus le droit de me plaindre des hommes ! » Bientôt on lui témoigne encore de singuliers égards. Le *Vœu de Louis XIII* qu'il veut exposer au Salon de 1824 lui semble appeler mille retouches. Il a toujours du mal à croire que ses tableaux sont finis. Il demande à Paris si on ne peut pas retarder l'ouverture du Salon. La prétention est grande et l'on accepte pourtant. L'ouverture aura lieu un mois plus tard, le 25 août. Paris a donc changé ?

Depuis plusieurs années, M. Ingres annonce que l'amour de la patrie le « chatouille bien fort ». Cette fois-ci, il se demande s'il ne peut pas rentrer. Finalement, il part seul avec son tableau. Madeleine reste à Florence. Si Paris n'est pas conquis par le *Vœu* il reviendra dans sa belle Italie auprès de sa chère femme.

Oui, sans doute, il reviendra...

CHAPITRE X

Le Salon de 1789 avait compté 220 numéros de peintures. Celui de 1824 offre 2000 toiles. Que s'est-il produit en l'espace de trente-cinq ans pour que le nombre des peintres augmente ainsi ?

Il est possible que la date de 89 soit à elle seule la clé de ce mystère. En 89, il fallait être académicien ou agréé pour exposer au Salon. Ce privilège avait été aboli. Le Salon de 1824 montre en premier lieu l'effet de la Liberté.

Un jury a été instauré pour barrer la route des honneurs aux peintres qui ne possèdent pas leur métier. Le moment où l'on crée cette nouvelle autorité est celui où les jeunes gens vont tenter plusieurs sortes d'aventures qu'on doit désigner globalement sous le nom de *Romantisme.*

Va-t-on encourager les aventures ? Ou bien les Académiciens, les membres du Jury estimeront-ils que la Liberté conquise par David, codifiée en une règle nouvelle est immuable ?

Bien entendu, c'est à ce dernier parti qu'ils se

rangent. Les cris de Liberté ! Liberté ! retentissent au dehors de l'École. La liberté que l'on désire est surtout celle de ne pas avoir de maîtres ou de renier ceux qu'on a eus.

Tel est le double état d'esprit qui se manifeste en France dans le monde des arts. Il y a un parti de la résistance et une école nouvelle lorsqu'Ingres arrive de Florence, apportant, roulé dans un tube de fer blanc, le *Vœu de Louis XIII*.

Le Salon est déjà ouvert, mais on a la possibilité d'y accrocher encore. L'exposition se tient au Louvre. Elle occupe le Salon carré et la Galerie du bord de l'eau. Ingres la parcourt peu de jours après son arrivée avec le détail et le soin qu'il met en tout et il est un instant découragé.

Tous ces peintres, aussi bien les nouveaux que les anciens, ont au plus haut point le sens de l'*effet*, et comme plusieurs ne sont pas dénués de talent, leurs œuvres ont réellement grande allure et se marquent dans l'esprit. Ingres s'interroge. Comprendra-t-on son art plus dépouillé, plus sobre ? Il n'a point voulu surprendre autrement que par de très hauts et très rares mérites. Dans un certain sens, on peut presque dire qu'il n'a pas de métier. Ce noble mot s'est en effet si bien galvaudé que dérivant de la signification précise qu'il doit avoir et qui en fait le but même de la Peinture, il ne désigne souvent que des habitudes paresseuses où l'habileté se fait voir aux dépens de la sincérité.

Ingres est songeur. Il pense à cet obscur et délicieux commerce avec les grandes œuvres qu'un homme qui connaît l'art gardera toujours dans les époques les plus déshéritées et les plus faibles, parce que les Grecs ont entrevu et exprimé la vraie Beauté, parce que, sous un chiffre analogue, elle reparaît chez les Primitifs, chez les Gothiques et chez les Renaissants. Si les arcanes de ces arts éblouissants restent secrets pour nous, quelle joie de savoir qu'on les comprend pourtant et qu'on les aime. Qu'importent alors les contemporains ! Qu'ils se trompent, qu'ils admirent à tort et à travers ! Qu'importe !...

Ingres redresse sa taille très moyenne. Il marche lentement, posément. Il se sait fort. On ne le verra jamais s'agenouiller que devant les Grecs et devant Raphaël. Ah ! devant ceux-là, on peut se sentir petit...

Ingres aurait besoin de rassembler les visiteurs qui s'arrêtent devant les tableaux et dont les réflexions dénoncent qu'ils admirent la peinture de trompe-l'œil. Il leur dirait ce qu'est le Beau pour leur faire du Bien.

Mais sur cette question du trompe-l'œil, comment s'expliquerait-il ? Car, en définitive, n'est-ce point le but de l'Art que d'imiter la Nature, de la rendre telle qu'elle est, aussi belle qu'elle est ? Il faut imiter, il faut copier. Il n'y a rien à inventer, il faut voir. Hélas ! Parmi les peintres, il en est qui s'appliquent à voir ce qui n'existe pas. Oh ! les misérables artistes ! Ils ressemblent à des diables proposant une imitation truquée de ce qui est. Un exemple : la Nature n'a jamais fourni autant de reflets que les peintres qui *mentent* à la façon de Rubens, ce grand homme de sinistre mémoire, qui a perdu la Peinture. Pas une forme de Rubens où, tels de petits pétards, des reflets n'éclatent dans l'ombre.

David a proscrit heureusement des habitudes si vulgaires. Et pourtant on ne s'en aperçoit pas beaucoup à regarder les œuvres de ses élèves. Ils paraissent tenir à faire tourner les formes dans des jeux de lumière assez forcés.

On pourrait croire d'ailleurs que ce qu'ils tentent si grossièrement, d'autres en font l'objet d'études plus sincères. Chez les paysagistes anglais, incontestablement passe un grand air de nature. Ces Anglais ont l'art de rendre les impressions. Quant à la *forme*, à la *plastique* des choses, personne ne s'en soucie beaucoup. On dessine mal. Il y a pourtant un groupe de peintres que l'on appelle les *Classiques*. Quelle dérision !

Quant à Delacroix dont on parle beaucoup, il ne dessine pas mal, lui, il dessine avec négligence, en pensant au mouvement à la vie, sans s'attacher aux contours, ce qui est bien le pire de tout, car si les hommes qui ont du talent donnent le mauvais exemple, où iront les autres ?

Ingres, arrêté devant les *Massacres de Chio*, en est là de ses réflexions, lorsqu'un homme paraissant usé et faible s'approche de lui :

— Cette peinture ne vous plaît pas, M. Ingres ?

Après les civilités d'usage avec M. Girodet-Trioson, Ingres répond :

— Les moyens de l'art sont trouvés. Je ne comprends pas bien ce que veut ce M. Delacroix.

— Il y a là-dedans le goût passionné du changement, reprend Girodet en poussant un grand soupir. Et vous savez, nous y sommes poussés depuis longtemps, depuis plus longtemps qu'on ne le croit Cette question est aussi intéressante à étudier pour un philosophe que pour un peintre. Je me suis exercé à la traiter voici déjà quelques années. Je préparais à ce moment une dissertation pour notre dictionnaire de l'Académie des Beaux-Arts, mais je n'ai pas eu de succès. Ah ! vous ne sauriez croire, M. Ingres, comme nos collègues manquent de principes pour raisonner et que de choses ils ignorent... Depuis que David n'est plus là, il manque une autorité à l'École. M. Quatremère de Quincy a beaucoup de talent, il est vrai, mais, que voulez-vous, ce n'est pas un peintre, ce n'est pas un artiste. Il n'a pas une œuvre derrière lui. Ce qu'il dit est vrai, mais ne s'appuie pas sur l'exemple. David parlait moins bien que Quatremère et il pouvait beaucoup plus. Comme nous l'écoutions notre cher maître ! Au lieu que lorsque les jeunes gens entendent les discours de Quatremère, savez-vous ce qu'ils en retiennent ? Le ton nasillard sur lequel il les prononce, et c'est un moyen de tourner toute l'Académie en ridicule. Voilà où nous en sommes. Que voulez-vous ? Chacun tire de son côté et j'aperçois que l'unité de l'École est perdue.

— Les écoles, repartit Ingres, ont leurs mauvais côtés, je le sais. Mais enfin, puisque le but des études est Rome et que c'est à Rome seule qu'on peut redresser une mauvaise éducation, il faudrait que les jeunes gens gardent le respect de l'École.

— Maintenir des traditions est une bonne chose, reprend Girodet, mais comment voulez-vous maintenir des traditions sans doctrine ? Je vous le dis, nos collègues maintenant mélangent toutes sortes de choses. Ce qui me paraît le plus terrible pour es conséquences auxquelles elles nous entraînent, c'est la confusion des genres.

David avait pourtant bien spécifié que la peinture d'histoire est uniquement celle où l'action peut être représentée par des nus ou des personnages drapés. On n'avait pas l'idée d'appeler tableaux d'histoire la réunion des États Généraux ou les Pestiférés de Jaffa. Eh ! bien, voilà la distinction que l'on prétend abolir à présent. Les sujets modernes avec des personnages à costumes sont mis sur le même plan que des tableaux d'histoire. Ma parole, beaucoup de peintres n'ont pas fait leurs humanités. Ils sont d'une ignorance extrême. Et on les croirait en l'occurence doués de scrupules de linguistes. « Napoléon, c'est l'histoire, disent-ils, aussi bien qu'Alexandre. » Tels sont les sophismes qui courent... J'ai perdu mon temps à leur expliquer que le nu et les draperies étaient des difficultés plus grandes que de peindre des costumes, que l'imagination du peintre s'empare beaucoup mieux du nu et des draperies pour des fins plastiques qu'elle ne le fait avec des vêtements et à l'occasion d'actions qui, trop près de nous et trop connues, obligent à la vraisemblance, à une documentation exacte et pittoresque, à un procès-verbal en quelque sorte, où l'art se trouve gêné...

Non, non, ils n'admettent pas cela. La documentation, le pittoresque leur plaisent. Seul Gros se rend compte que ce genre-là est inférieur au tableau d'histoire. Il m'a dit qu'il allait se remettre à l'antique. David qui lui écrit de Bruxelles lui fait honte dans ses lettres de ne pas avoir fait encore un tableau d'histoire. Et Gros a assez de talent pour se mettre à l'ouvrage et produire un chef-d'œuvre. Vous aussi, Ingres, vous produirez de belles choses. L'École doit compter sur vous. Vous avez le sentiment de l'Antique et vous savez peindre le nu.

— Oh ! répond Ingres, je ne m'interdis pas de peindre des costumes. La distinction que vous faites est certes intéressante, mais vraiment, songez un peu à la Renaissance ou à nos belles statues gothiques...

— Ah ! bien voilà ! Je vous le disais, les élèves de David ne s'entendent pas. Sur un problème aussi capital, ils ont des avis différents. Et ce qui est très curieux, c'est qu'ils sont beaucoup plus sensibles qu'on ne le croit aux idées du dehors.

Nous vivons avec l'esprit de notre siècle. Ce n'est pas un mal. On ne peut pas faire autrement, mais par malheur le métier que nous avons appris, nos habitudes de travail, répondent à d'autres conceptions. Nous maintenons jalousement l'apparence de nos concepts et ils sont minés à l'intérieur.

Je crois que la définition du vrai en peinture, c'est lorsque l'esprit d'un tableau s'exprime par une forme qui y correspond tout à fait.

Telle est la force de ce jeune Delacroix. Il y a

unité entre sa manière de sentir et sa manière de peindre.

— Ah ! Je vous avoue, Monsieur Girodet, que cette philosophie me dépasse. A présent, vous vous approchez vous-même d'un dangereux éclectisme. Il n'y a qu'une sorte de Beauté, n'est-ce pas ?

— Oui, il faut le croire, répond Girodet après une seconde de réflexion.

— Eh ! bien, reconnaissez-vous les signes de la Beauté dans ce tableau ?

— Mais non, non ! Pas du tout. Et pourtant, Gérard me le disait, il y a là une force, un tempérament. Gros le disait aussi.

Ingres s'impatiente. Girodet se posait en intransigeant sur la question du tableau d'histoire et du tableau moderne. Et il suffisait qu'il eût sous les yeux une réussite dans le tableau moderne pour ne plus penser à ce qu'il avait dit. Il fallait combattre l'esthétique de Delacroix. Il commençait par en reconnaître les mérites.

— Non, ce ne sont pas là les conditions de la lutte, s'écrie Ingres violemment. Pourquoi reconnaître des qualités à nos ennemis ? Nous sommes dans le vrai. Ils sont dans l'erreur.

Girodet le considère avec un imperceptible sourire :

— Je ne sais s'il est philosophique de parler comme vous le faites, mais c'est exactement le ton qu'il convient d'employer si nous voulons retenir encore les jeunes de notre côté.

Les deux peintres avancent de quelques pas.

Ingres se met à parler techniquement du mérite des tableaux, mais Girodet regarde à peine, acquiesce, ne discute plus, comme si les vues générales auxquelles il s'est livré avaient épuisé tout l'intérêt de la peinture.

La politesse l'oblige à reprendre la parole devant le *Vœu de Louis XIII* :

— L'Institut ne peut qu'apprécier un tel envoi, dit-il. Voilà un ouvrage qui fait triompher les beaux principes.

— Et pourtant, fait remarquer Ingres, le roi est habillé.

Girodet daigne sourire :

— Peut-être est-ce pour cela que j'aime surtout les anges, l'Enfant Jésus et la Vierge si bien drapée. Quant au roi, il était évidemment nécessaire dans un tableau dont il offre le sujet.

L'allégorie présente toujours de singulières difficultés et c'est un passionnant problème que d'y mélanger le réel à quoi la concrétisation de la peinture nous oblige toujours avec le symbole.

Vous vous en êtes admirablement tiré. Le sujet est exprimé avec une belle clarté de composition et je serais bien surpris si les littérateurs qui nous jugent n'applaudissent pas cette fois-ci votre tableau.

— On ne sait jamais quel est le criterium de ces messieurs, s'écrie Ingres avec humeur. La légèreté des critiques d'art jointe souvent à leur besoin d'être spirituels en fait une sorte d'hommes que je déteste. Ces gens-là m'ont éclaboussé et je ne leur pardonnerai jamais.

— Bah ! Croyez-moi, leurs injures ou leurs compliments ne peuvent avoir qu'un sens. Ils montrent qu'on vous remarque, donc que vous existez. Il suffit que l'on parle de vous. Peu de gens ont le sens de l'Art. Et c'est par une sorte de hasard étonnant que le niveau des valeurs s'établit quand même.

Les traits de Girodet marquent de la fatigue et de l'inquiétude. Il se plaint sans transition de sa santé, accuse la vieillesse et prend congé de son jeune confrère pour rentrer chez lui où quelques jours plus tard il va rendre l'âme.

. . . .

Ingres n'a pas tardé non plus à quitter le Salon. Il y a fort longtemps qu'il n'a eu une conversation de cet ordre-là. Elle lui rappelle un peu les leçons de David, les paroles de Maurice Quay ou les causeries aux Capucines avec Granet.

En Italie, les exercices théoriques avaient fait place à la joie de vivre et de travailler. Si M. Ingres est théoricien, c'est pour ainsi dire à son insu. Il raisonne beaucoup sur son art, mais toujours sous le coup d'une impression, lorsque sa sensibilité vient d'être touchée.

Il n'a jamais senti le besoin de Girodet de se repaître de dissertations, de dresser la carte géographique des alentours, de faire le point, de se demander où l'on en est. Il lui revient tout d'un coup à l'esprit que la France est le pays de Descartes. Les peintres français se sont depuis longtemps appliqués à réduire en formules claires le résultat de leurs expériences. Ils ont mis beaucoup de soin et parfois de la coquetterie à écrire sur leur art. Toute cette littérature des artistes français est peu connue. Personne ne songe à relire les conférences de l'Académie royale par exemple. Mais le goût des théories reste dans l'air. Que de peintres ont eu l'habitude d'ébaucher, à côté de leurs œuvres, un programme ! Il ne suffit pas, pense Ingres, de produire une belle œuvre, il faut encore envisager la discussion pour être pris au sérieux. Eh ! bien, pour moi, la tâche est aisée. On a l'éloquence qu'il faut pour dire ce qui est vrai.

Et Ingres envisage déjà le poids qu'auront ses paroles une fois qu'il sera à l'Institut, car bien entendu, il songe à s'y présenter et à jouer un grand rôle, à remplacer David.

A peine est-il de retour chez lui qu'on sonne à sa porte. C'est le graveur Gatteaux qui vient le voir. Il a une mine toute réjouie.

— Je vous apporte, mon cher ami, un vrai bulletin de victoire. Si vous ne savez pas encore ce que l'on dit de vous je vous en avertis, on dit que vous êtes un grand peintre, on le dit partout. Delacroix lui-même le reconnaît. Tous les jeunes gens que Jal appelle *Romantiques* se sont précipités au Salon pour admirer le *Vœu*. On considère que vous écrasez l'Académie.

Ces pauvres académiciens sont voués au ridicule. Et pourtant, reconnaissons-le, ils ne sont pas si bêtes qu'ils paraissent. Ils veulent vous arracher à présent à l'école romantique. Ils ne songent plus à vous discuter, à vous accuser de faire reculer l'Art. Ils vous veulent parmi eux. On se dispute Ingres de tous les côtés. Mon bon ami, vos épreuves sont finies. On a reconnu enfin tout votre talent.

— Mon cher Gatteaux, la lutte n'est pas finie, elle commence. J'aperçois qu'il y a ici énormément de désordre. Ceux que vous appelez Romantiques peuvent reconnaître mes talents. Ils ne me forceront pas à m'incliner, en retour, devant eux. Ils font passer la couleur avant le dessin. Moi, je mettrai sur ma porte *école de dessin*, et je formerai des peintres. Voici ce que j'ai décidé : je reste à Paris, j'ouvre un atelier, je répands le bon exemple. Si l'Institut me veut, je suis prêt à lui accorder mon concours. Et puisqu'ils manquent tous de volonté, je les guiderai, je les dirigerai. J'ai vécu à Rome, m'entendez-vous ? Je suis un peu Romain à présent. Tout est à organiser. C'est bon. Je sais où je trouverai mes exemples.

— La Rome d'aujourd'hui n'est pourtant guère semblable à celle de l'antiquité. Ne dites pas que vous nous apportez l'ordre de Rome. Ceux qui y sont allés ne vous croiront pas.

— Mais pensez-vous, mon bon ami, que je m'arrête à la vue superficielle des choses ? Est-ce parce qu'il y a des brigands aux portes de Rome et que les Italiens vivent avec facilité et paresse que Rome ne serait plus Rome ? C'est la Rome antique qui compte.

Moi, je ne suis pas allé là-bas pour peindre les paysans des marais pontins ou des mendiants pittoresques. J'aime Rome parce qu'on y retrouve l'esprit de l'antiquité et de la Renaissance. Les modifications actuelles, je ne les vois pas. L'Italie est après la Grèce notre éducatrice. Il faut qu'elle le reste.

— Ingres, vous avez saison, mais, voyez-vous, le temps qui passe change la face des choses. Je souhaite que vous soyez cru et je crains en même temps qu'à vos directives une partie de la jeunesse ne se dérobe.

D'autres exemples viennent d'ailleurs. L'Angleterre, l'Allemagne, ont aussi des traditions à proposer. On les connaît peu. Alors elles paraissent moins usées. La France s'applique actuellement à se faire une âme étrangère à son propre génie. La marque distinctive de notre temps est une immense curiosité historique. On commence un monstrueux recensement de l'état du globe et de la pensée humaine. Un jour viendra où l'on trouvera que les nègres méritent autant d'égards que l'antiquité. Ce jour-là on aura beaucoup de choses à apprendre. Et comme les forces de l'homme ne seront pas décuplées, il est probable qu'on n'aura plus sur cet esprit antique que vous aimez tant des vues aussi précises et aussi judicieuses. Sans une connaissance intime, il n'y a pas de traditions.

— Mon cher, je ne vous suis pas dans ces raisonnements prophétiques. Je ne puis que raisonner sur des signes plastiques. Ils forment pour moi qui ne suis pas un savant mon alphabet. Montrez-moi des œuvres. Je vous dirai si elles sont belles ou laides. Elles seront belles si j'y admire les mêmes lignes que dans l'Antique, si je les trouve pareilles à la Nature, calmes et reposantes comme elle. Elles seront laides si elles font des grimaces, si elles montrent la difformité, car la difformité n'est plus la Nature, c'est l'exception, c'est l'esprit du Mal. Un peintre qui emploie son talent à montrer la laideur, on devrait l'étouffer.

— Quel massacre vous feriez, mon cher Ingres, aujourd'hui, car s'il faut résumer la question complexe qui nous occupe, disons ceci : On ne reconnaît plus de caractères spécifiques à la Beauté. Comme le raconte, paraît-il, Victor Hugo à ses disciples, « tout ce qui est dans la Nature est dans l'Art ».

Vous parliez tout-à-l'heure d'exceptions et de difformités. On se fait un malin plaisir aujourd'hui de placer la difformité au premier plan de l'Art. J'ai entendu dire qu'un jeune homme nommé Deveria avait l'intention de peindre une *Naissance d'Henri IV* en mettant au milieu un affreux petit nain pour expliquer cette théorie.

— Quelle détestable chose que les peintres se laissent influencer par des théories littéraires. Croyez-vous, mon bon ami, que Delacroix subisse le même entraînement ?

— Peut-être pas. On en fait un chef de l'école nouvelle mais il n'est pas sûr qu'il apprécie toutes les audaces commises par les Romantiques. On sait d'ailleurs que Victor Hugo ne l'aime pas. Je le croirais presque dans une position un peu à part, je dirais même analogue à la vôtre. Car, mon cher ami, il faut que vous le sachiez, lorsque vous serez à l'Institut, vous serez encore seul, vous n'y gagnerez pas beaucoup d'appuis. Dans l'ignorance du public, l'Institut forme un bloc homogène. Or ils sont jaloux les uns des autres. Ils ne partagent pas les mêmes points de vue et surtout ne se reconnaîtront jamais un chef.

Ingres, le front barré d'un pli sévère, reprend comme se parlant à lui-même :

Alors, au milieu de l'erreur et de la mauvaise foi, je garderai mes quelques bons amis qui sont plus intelligents et meilleurs que les autres.

J'aurai des élèves, je les aimerai comme des enfants.

Et, si les mauvais artistes forment le nombre, nous, nous serons plus forts qu'eux moralement.

CHAPITRE XI

Paris, 15 janvier 1825.

Bien chère petite Mère,

J'ai la croix, le Roi vient de me la donner en plein salon comme sur un champ de bataille. Mais que n'étais-tu là ! Un second jour dans ma vie je ne puis le revoir ; elle m'a été donnée par le Ministre de l'Intérieur et par une lettre qui m'en a instruit la veille et dont voici presque les termes : « Monsieur, la satisfaction que m'a fait éprouver l'exécution du tableau du *Vœu de Louis XIII* qui vous avait été commandé par mon département et que vous avez exposé au Salon de cette année, m'a porté à proposer au Roi de vous accorder la décoration de la Légion d'honneur. »

Mais ce n'était que le prélude du grand jour pour moi.

Au Salon, je me suis vu entouré, caressé, félicité.

...On était au moins six cents et plus, vieux, jeunes, émules, rivaux, tous se réunissaient pour me faire honneur et disaient : « Oh ! voici une croix bien méritée. » Et puis mon caractère, mes ouvrages toujours plus admirés que jamais et qui étaïent là, étaient en même temps cités et loués dans des termes que je ne puis en vérité te décrire, et tu n'étais pas à côté de moi !

Enfin le Roi est arrivé : après avoir parcouru les salles du Musée et n'ayant remarqué que bien peu ou point, mais avec une grâce et une bonté qui le distinguent et le rendent si cher à tout le monde, il a pris place au milieu du Salon, une grande table devant lui, accompagné de M. le comte de Forbin, le Ministre de l'Intérieur et celui de la Maison du Roi ; ensuite on a appelé les membres de l'Institut qui ont été créés ou cordons noirs ou officiers de la Légion d'honneur ; on a appelé les artistes qui, comme moi, devaient recevoir la croix. Juge de l'état où j'étais, ma petite. Plusieurs passent et par lettres alphabétiques. Je ne sais pourquoi cependant, quelques-uns m'ont devancé et tous peu applaudis ou point du tout ; mais lorsque mon nom a été entendu, des applaudissements très prononcés et peut-être trop marqués en la présence du Roi, ont manifesté si honorablement l'assentiment général que mes pauvres jambes et ma figure ont dû démontrer l'extrême sensibilité où je me suis trouvé et je me suis traîné comme je l'ai pu, et le plus vite, au devant du Roi qui si gracieusement m'a remis la croix.

Après l'avoir salué et balbutié quelques remerciements, je m'en suis retourné dans la foule ; alors Horace Vernet qui m'a vu avec ma croix à la main, a voulu me l'attacher lui-même et je me suis revu complimenté et archi complimenté et aussi par de belles dames, ce qu'il ne faut pas oublier, et toujours avec une expression qui m'a touché aux larmes, ma chère amie, tu aurais aussi pleurniché tout le temps, ce que je fais aussi dans ce moment-ci en te le racontant.

Lorsque Mme Ingres reçoit cette touchant lettre, elle prépare dans la joie le déménagement des quelques affaires qu'il faut emmener à Paris puisque M. Ingres ne rentre plus à Florence.

La situation matérielle qui a été parfois dure ne donne plus maintenant aucune inquiétude. Ingres reçoit deux nouvelles commandes, l'une pour la Maison du Roi, l'autre pour la cathédrale d'Autun. En outre le prix de ses œuvres augmente sensiblement. Enfin, il est bien vrai que l'Institut veut de lui. Par obligation d'amitié pour le peintre Thévenin il le laisse prendre la place laissée vacante par la mort de Girodet. Mais quelque temps après, un nouveau fauteuil est libre, celui de Vivant Denon. M. Ingres déteste cet homme, lui reproche d'être un mauvais connaisseur. Il l'appelle son « anti-moi ».

Le jour même où il va à son enterrement il avoue qu'il trouvera plaisant de le remplacer. Il suit le corbillard avec une satisfaction non dissimulée et soupire en jetant un regard à la fosse : « Bien ! bien... c'est bien ! Il y est cette fois ; il y restera ! »

M. Ingres a la rancune naïve et tenace.

Il est élu. Cette élection, outre la joie ineffable de s'asseoir dans le fauteuil de son ennemi, doit lui procurer la place de professeur dans cette école des Beaux-Arts dont, à la suite de David, il prendra le parti de dire tout le mal possible.

Les succès de M. Ingres émeuvent Montauban. On veut revoir l'enfant de la cité avec son tableau. *Le Vœu de Louis XIII*, roulé et encaissé, part à la fin de l'année 1826 précédant l'auteur de quelques jours.

Gilibert est chargé de « dégager le tableau de ses rubans, de le mettre les deux bouts sur deux chaises dans une chambre basse du rez-de-chaussée, plutôt un peu humide, pour faciliter le déroulement » et surtout de ne pas aller plus avant.

« Pour Dieu, que je sois là ! » s'écrie Ingres en pensant à la mise sur châssis, car il a pour ses œuvres une tendre sollicitude et prend des précautions que nous ne connaissons plus pour soigner les tableaux.

Il se met en route dans le courant du mois de novembre. Trente ans qu'il n'a pas revu sa ville natale ! Son père, sa mère, deux frères jumeaux, qu'il n'a même pas connus, sont morts ; il lui reste deux sœurs. Quant aux amis, il lui faut compter pour tels tous les habitants, fiers de leur grand homme et qui se souviennent d'avoir vu le petit Ingrou.

On le fête dans un banquet de quatre-vingts couverts, où se pressent les notabilités du département.

Deux poètes ont, en son honneur, taquiné la Muse. L'un déclame :

De la cité qui t'a vu naître
Reçois l'affectueux accueil,
Le Tarn en te voyant paraître
A tressailli d'un noble orgueil.
Le chef-d'œuvre qui te devance
T'a conquis la palme d'avance,
Tel en rentrant dans ses remparts,
César, chéri de la victoire,
Suivait le butin que sa gloire
Avait conquis aux champs de Mars...

Et l'autre :

Vingt ans, les bords heureux de la riche Ausonie
Ont vu grandir ta gloire et mûrir ton génie.
L'amour de ton pays t'arrache à ces beaux lieux,
Donnant à Raphaël des pleurs religieux.
Du pinceau le plus pur tu viens doter la France...

En entendant ces vers, M. Ingres songe à son père chanté par M. Bernardy aîné, le mot de gloire, le nom de Raphaël et le sien bourdonnent ensemble à ses oreilles. La figure congestionnée, il essuie des larmes.

Les applaudissements crépitent avec une vigueur méridionale. C'est un tonnerre. Il éclate en sanglots.

Pourquoi à quelques jours de là faut-il reprendre pied avec la plus mesquine réalité et la bêtise humaine ? Une fois le *Vœu* placé dans la cathédrale, quelques bonnes âmes s'émeuvent de la nudité de l'Enfant Jésus et des deux angelots ! L'archiprêtre reçoit les confidences de dévotes troublées. Il accorde que tant d'innocence n'est pas exactement à sa place dans une église, mais désireux de ménager toutes les susceptibilités, il attend le jour du départ de l'artiste pour faire confectionner trois petites feuilles de vigne en papier doré et les coller sur le tableau.

Immédiatement connue, cette intervention fait rire. Elle donne l'occasion d'agiter dans les cafés de la cité les plus hautes questions d'esthétique et de morale. Doit-on laisser M. Ingres qu'on vient de fêter sous le coup d'un tel affront ?

On lui écrit. Il adresse aussitôt ses plaintes à l'évêque de Montauban qui a le bon goût de les écouter, et le tableau est remis en état par l'excellent Gilibert.

En retournant à Paris, Ingres s'est arrêté à Autun pour visiter la cathédrale. Une place lui est réservée là pour une grande œuvre qui représentera le *Martyre de Saint-Symphorien.*

Avant de s'atteler à cette grande composition, il a une tâche plus urgente. Ayant reçu la commande d'un plafond dans une des salles du Louvre nouvellement aménagée pour recevoir les antiquités égyptiennes et étrusques, M. Ingres libre de choisir son sujet imagine de résumer la reconnaissance du monde occidental envers le génie hellénique.

Il veut placer, au centre de sa composition, Homère, père des lettres et des Arts, assis devant un temple. Une gloire le couronne. A ses pieds, deux figures de femmes symbolisent l'*Illiade et l'Odyssée.* Sur les côtés, ainsi que dans le bas de la composition, les grands hommes de tous les siècles et des pays d'Europe assistent à ce couronnement.

Ainsi, M. Ingres s'efforce-t-il d'expliquer aux regards de tous, le sens de sa doctrine fondée sur le culte des Anciens, ainsi se charge-t-il d'être, en plein romantisme, le champion de l'Art classique, ainsi pense-t-il, peut-être, ranimer une nouvelle querelle des Anciens et des Modernes.

Le sens de son action va s'exercer dorénavant sur une part de la jeunesse, sur celle qui fréquentera son atelier et à laquelle il apprendra, non seulement le dessin, mais, selon ses propres mots, « la religion de l'Art ».

Il exerce sur les jeunes gens une profonde emprise sentimentale en même temps qu'il répand un enseignement assez complexe et qui n'est pas toujours bien compris.

Amaury Duval, le premier en date de ses élèves, n'a pas, dans son livre *l'Atelier d'Ingres*, dévoilé le sens le plus profond de ses paroles ou même il s'est quelquefois trompé. En revanche, la mimique expressive de M. Ingres a été peinte par son élève au naturel. On le voit vivre dans bien des anecdotes.

Amaury Duval le met en scène avec Sturler, transfuge de l'atelier Regnault. Ce dernier, est connu plus généralement sous le nom de *Père la Rotule* parce qu'il a des « ficelles » pour les modelés délicats. Sturler a acquis chez lui une de ces habiletés folles des praticiens de l'ancien temps.

M. Ingres est stupéfait lorsqu'il vient corriger et paraît embarrassé :

— Eh bien, Monsieur, c'est très bien... très habile... très habile... c'est peint avec un vrai talent... je n'ai rien à vous dire.

— Monsieur, interrompt Sturler, si je croyais faire aussi bien, je ne serais pas venu vous demander des conseils. C'est parce que je sais que ce n'est pas cela... que c'est mauvais, que je suis venu à vous.

— Ah ! vous le prenez ainsi, s'écrie M. Ingres en le regardant en face. Ah ! vous n'êtes pas content de ce que vous faites ! Alors c'est autre chose...

Eh ! bien, oui, ce n'est pas cela... C'est de l'habileté et voilà tout... pas de style, pas de caractère, oui, c'est mauvais. Vous pourriez avec votre talent vous en tirer sans moi, vous auriez même une fortune dans la main... Mais puisque vous regardez plus loin et plus haut que cela... bon courage... car tout est à refaire.

Que veut dire M. Ingres ? Malgré sa modestie, Sturler n'imaginait pas un arrêt si sévère. Ce n'est que petit à petit que la doctrine de M. Ingres lui apparaîtra, ainsi qu'à ses camarades.

M. Ingres n'a pas la superstition de l'anatomie. Amaury Duval répand même qu'il en a l'horreur. La vérité ne serait-elle pas plus subtile ?

M. Ingres dit :

« Je tiens à ce que l'on connaisse bien le squelette parce que les os forment la charpente même du corps dont ils déterminent les longueurs et qu'ils sont pour le dessin des points essentiels de repère. »

Les élèves en profitent un jour pour faire remarquer qu'il n'y a pas de squelette à l'atelier et demandent au maître d'autoriser une collecte pour en acheter un. M. Ingres n'élève pas d'objection. A quelques jours de là en entrant à l'atelier il ne peut maîtriser un geste d'effroi devant la nouvelle acquisition. Il est moins éloquent que de coutume. Les fois suivantes, il est encore visiblement mal à l'aise. Puis un jour, il s'emporte, disant qu'il ne mettra plus les pieds à l'atelier « tant que cette horreur y sera accrochée ».

Il ajoute : « Si j'avais dû apprendre l'anatomie,

moi, messieurs, je ne me serais pas fait peintre ».

Ce n'est là que l'effet de la colère. Un autre jour il dit : « Il faut se rendre compte de l'ordre et de la disposition relative des muscles afin d'éviter de ce côté aussi des fautes de construction. »

Une autre fois, il s'écrie : « Ils sont tous mes amis ces muscles, mais je ne sais aucun d'eux par leur nom ». Il faut donc croire que la vue d'une carcasse humaine lui répugne. Une dissection lui ferait plus peur encore. Il craint surtout de séparer l'anatomie de la vie.

Comme son maître David, M. Ingres veut « être grec ». A quoi rime l'anatomie telle que l'enseigne le père la Rotule ? A une information si sûre d'elle-même, qu'elle s'exerce *à priori* et ressemble à un étalage de musculature.

M. Ingres veut que les jeux des muscles et du squelette restent cachés : « Pour arriver à la belle forme, il faut modeler rond et sans détail intérieur apparent ».

Ainsi doit-on tenir compte des écarts de la sensibilité du maître pour ne point le trahir par une application trop stricte de quelques-unes de ses paroles.

En ce qui concerne la couleur par exemple, certains élèves renchérissent trop sur la soi-disant indifférence qu'Ingres a pour elle. Un jour où l'accueil du maître lui paraît manquer de naturel, Amaury Duval fait cette naïve supposition : « J'aurais pu penser qu'il avait vu de moi quelques peintures où j'avais, bien sans le vouloir, fait acte de coloriste ». Or, dans les textes d'Ingres lui-même, on apprend à quel point la couleur l'a préoccupé. Sensible à la beauté des tons, à condition que les jeux du coloriste restent subordonnés à ceux du constructeur, il ne fait qu'établir, là comme en tout, une hiérarchie dans les moyens de la peinture.

« Raphaël et Titien, écrit-il, tiennent sans contredit le premier rang parmi les peintres, et pourtant Raphaël et Titien ont considéré la nature sous des aspects bien différents. Tous deux ont possédé le privilège d'étendre leur vue sur toutes choses mais le premier a cherché le sublime là où il est vraiment, dans les formes, et le second dans le coloris ».

Il y a surtout un point sur lequel Ingres demande une distinction, c'est dans la façon d'user de la couleur : « Ce qu'on appelle « la touche » est un abus de l'exécution. Elle n'est que la qualité des faux talents, des faux artistes qui s'éloignent de l'imitation de la nature pour montrer simplement leur adresse ».

Assurément on peut discuter ce point de vue. En tous cas, il n'implique pas la position d'anti-coloriste., Il est plus juste de dire qu'Ingres n'admet qu'une école coloriste, l'école vénitienne.

« Rubens et Van Dyck peuvent plaire au regard, mais ils le trompent ; ils sont d'une mauvaise école coloriste, de l'école du mensonge. Titien, voilà la couleur vraie, voilà la Nature sans exagération, sans éclat forcé, c'est juste ».

Enfin si l'on pousse dans ses derniers retranchements la pensée d'Ingres, on en arrive à isoler l'objet même de sa méfiance : le clair-obscur.

Le clair-obscur a été la dernière en date des grandes conquêtes des Renaissants. C'est à la fois une sorte d'organe de liaison entre le dessin et la couleur, et un parti-pris d'éclairage dans lequel les formes tournent en ronde-bosse, dont les contours s'estompent, une illusion nouvelle d'atmosphère et de profondeur ajoutée au tableau conçu, comme une représentation de la Nature de plus en plus vraisemblable.

S'il y a dans cette si féconde esthétique une erreur en puissance, du moins ne fut-elle visible que dans le moment de la décadence, précisément lorsque la belle syntaxe italienne se trouva enrichie et modifiée par *lo sfumato.*

La syntaxe italienne paraît à Ingres à la veille d'être altérée par l'acquisition du clair-obscur.

Les époques antérieures à la pleine Renaissance ont préparé un à un les éléments de cette syntaxe plastique. Chaque progrès technique représentait alors un bond de l'esprit. Une fois achevée l'ère des découvertes, un académisme inintelligent devait garder la lettre de cette syntaxe et n'en plus connaître l'esprit, un éclectisme désordonné devait en propager les formules mnémoniques sans en apercevoir les sources et les raisons.

Les conséquences pratiques qui découlent d'un sentiment si fin de l'histoire technique de la peinture, sont les suivantes : M. Ingres enseigne à ses élèves que le tableau de chevalet conçu sans destination précise est une invention moderne qui répond imparfaitement à la destination primitive de la peinture qui doit être essentiellement décorative et monumentale.

La connaissance de ce but montre à ses élèves la raison d'être de « l'archaïsme ingresque ». Hippolyte Flandrin essaie des fonds d'or, Dominique Papety étudie les peintures du Mont Athos, Victor Mottez s'attache à retrouver les secrets de la Fresque et traduit le traité de peinture de Cenino Cenini, Amaury Duval, Sturler, quelques autres prennent en haine la troisième dimension et peignent des figures plates comme des feuilles de papier.

M. Ingres n'est pas satisfait de ce zèle. Amaury Duval le raconte lui-même avec une bonne foi consternée :

« Je rencontrais un jour notre massier avec lequel j'avais conservé quelques relations et dont les rapports avec le maître étaient presque journaliers. « M. Ingres n'est pas content », me dit-il à brûle-pourpoint. « Tenez, me disait-il, voilà Amaury qui envoie au Salon un portrait bien plat, sans modelé, sans couleur ; on le tourne en ridicule dans les journaux, on s'en moque partout et cela me retombe sur le nez ».

A côté des élèves archaïsants qui refont, tout comme leur maître dans sa jeunesse, la découverte des Primitifs, d'autres veulent perpétuer le culte de Raphaël. Ils réussissent parfois comme les charmants frères Balze à s'approcher des goûts de M. Ingres ou bien ils côtoient un nouvel académisme.

Parmi ses plus jeunes élèves, il en est un qui

paraît au maître un prodige, Théodore Chassériau. « Cet enfant sera le Napoléon de la peinture », annonce M. Ingres. Chassériau assimile les leçons ingristes sans y noyer sa personnalité. Plus tard, son âme étant ardente et passionnée, il se tournera vers Delacroix. Aussi quand le nom de cet élève dans lequel il avait mis tant d'espoir sera prononcé devant lui, M. Ingres dira aussitôt : « Ne me parlez jamais plus de cet enfant. »

C'est la seule défection retentissante dont il a à souffrir. D'ordinaire, ses élèves ne manquent jamais de devenir ses partisans, et M. Ingres peut en toute confiance leur dire dans le huis-clos de l'atelier : « Vous êtes mes élèves, par conséquent mes amis. Comme tels vous ne salueriez pas un de mes ennemis s'il venait à passer dans la rue »...

Ou encore ceci :

« On a dit, Messieurs, que mon atelier était une église ; eh bien ! oui, qu'il soit une église, un sanctuaire consacré au culte du Beau et du Bien et que ceux qui y sont entrés et qui en sortent, réunis ou dispersés, que tous mes élèves enfin, soient partout et toujours les propagateurs de la Vérité ».

STRATONICE

(MUSÉE DU LOUVRE)

CHAPITRE XII

Si ce langage réussit bien à toucher le cœur des jeunes gens, à vrai dire il s'en faut encore que l'esthétique de M. Ingres triomphe devant la critique et le public. Ses grands travaux ne connaissent plus les approbations unanimes qui ont salué le *Vœu de Louis XIII*.

L'Apothéose d'Homère est, plus que le *Vœu*, une œuvre-programme, une œuvre d'idée. De nos jours où la plupart des peintres ont abandonné les spéculations intellectuelles qui ne sont pas d'un ordre strictement pictural, il est possible que nous ne nous rendions pas compte de l'énorme effort que représentait pour Ingres un tel sujet. Jamais sans doute, il n'a si bien senti qu'un grand peintre doit être un grand esprit, jamais peut-être il ne lut avec autant d'avidité les chefs-d'œuvre de la littérature. Cette enquête littéraire lui sert à prendre contact avec son sujet. *L'Apothéose d'Homère* représente la somme de ses connaissances historiques et littéraires. Il éprouve de grands scrupules à fixer le nombre des « Homérides ». Doit-il y comprendre Shakespeare le grand héros de ce Romantisme florissant, dont il désapprouve la plupart des effets ? Il se plonge dans la lecture du tragique anglais et griffonne d'enthousiasme dans ses notes : « Oui, oui, Shakespeare », échappant pour une fois à son sectarisme.

Malgré les nécessités de la politique des arts et le rôle de classique qu'il doit soutenir, il avoue d'ailleurs un jour bonnement : « Je ne suis pas aussi exclusif qu'on le dit », ajoutant tout aussitôt : « Mais de grâce, ne confondons rien, ne mettons pas Rembrandt et les autres sur le même plan que le divin Raphaël, ce serait blasphémer ! »

Il semble que ce genre de distinction soit demeuré incompréhensible pour beaucoup de critiques de l'époque. Par contre des peintres rangés sous la bannière du Romantisme comme Delacroix, Ary Scheffer et Decamps ont compris les raisons d'Ingres. Ceci vient peut-être de ce que les littérateurs admirent dans un tableau le résultat et que les peintres, en gens de métier, cherchent derrière le résultat le composé. Il y a là une différence de point de vue qui modifie beaucoup les jugements. Par delà l'*effet* du tableau, les peintres jaugent en praticiens les éléments qui le composent. Le brio d'un coup de pinceau donné à propos, où le génie et le hasard entrent de pair, leur en impose tout compte fait moins, fussent-ils Romantiques, que la construction hiérarchisée d'un tableau purement classique où la virtuosité qui peut masquer tant de trous entre pour peu de choses ou du moins n'apparaît que comme une grâce dernière.

Delacroix qui expose en cette année 1827 le tumultueux *Sardanapale* est émerveillé par le plafond de son illustre aîné : « C'est fait, comme les maîtres, avec rien et de loin tout y est ». Rien veut dire qu'il n'y trouve pas d'empâtement, de coup de brosse visible, de contraste violent de valeur. *L'Apothéose d'Homère*, peinture marouflée se rapproche, en effet, par le sentiment technique, d'une fresque. Nul doute que si elle avait été exécutée à fresques certaines couleurs d'un accord un peu grinçant ne se fussent atténuées. Ingres aperçut-il ces défauts ? Oui, car il les fit corriger en 1860 dans une copie qui fut faite par deux de ses élèves.

Mais en 1827 il se trouve pressé par le temps. *L'Apothéose d'Homère* fait partie d'une série de neuf plafonds commandés chacun à un artiste différent et le tout doit être prêt le jour de l'inauguration du Salon par le roi Charles X.

A la date convenue on enlève l'*Apothéose* de chez M. Ingres. Il se plaint très fort, exige qu'on construise après le Salon un échafaudage dans la salle pour terminer cette œuvre capitale qu'il juge inachevée. Il la signe Ingres *faciebat* au lieu de *fecit*, pour marquer par cette différence de temps la violence qu'on lui fait.

Le lendemain de l'inauguration, M. Ingres dit à ses élèves au milieu d'un profond silence : « Oui, Messieurs, le Roi s'est arrêté dans toutes les salles, excepté dans la mienne ». Inutile, ajoute Amaury Duval, d'exprimer sur quel ton cette phrase-là fut dite.

Le public fait en général de même que le Roi et la critique se montre incompréhensive une fois de plus. On accuse Ingres d'être « un Chinois égaré dans les ruines d'Athènes » sans doute parce que cette magistrale composition se développe en surface, qu'une lumière égale y est partout répandue, bref qu'elle ressemble, malgré la force et la délicatesse du modelé, à une peinture à deux dimensions.

M. Ingres a besoin d'une éclatante revanche. Il croit la tenir en se mettant aussitôt au *Martyre de Saint-Symphorien.* Il juge que, dans la pénombre d'une église, il faut faire saillir les formes avec plus de relief que lorsqu'il a peint le plafond d'Homère. Et puisque le public ne comprend pas la peinture en ton à plat, le *Saint-Symphorien* va se développer en profondeur avec un relief saisissant.

Ingres met plus de six ans à exécuter ce grand tableau. Dans le même temps, il est vrai, il peint quelques répliques de petites compositions antérieures, tel que *Raphaël et la Fornarina* ou *l'Epée de Henri IV.* Il fait encore quelques portraits dont le plus célèbre est celui de M. Bertin, figure d'un puissant bourgeois où l'on s'est plu à voir comme le symbole du poids social de la bourgeoisie française sous Louis-Philippe.

Au Salon de 1833, le portrait de M. Bertin obtient un succès retentissant. M. Ingres est plein de courage pour finir le *Saint-Symphorien* avec lequel il compte obtenir un nouveau et plus important triomphe au Salon suivant.

Le contraire se produit. Cette grande page déplaît

au public et à la critique, hormis toutefois, à quelques peintres qui admirent le jeu habituel des recherches plastiques de M. Ingres, auxquelles s'ajoute un intérêt humain que *l'Apothéose d'Homère* n'avait nullement eu.

Il y a dans ce tableau une large part d'émotion sentimentale indiquée par le groupement massif de la foule et des licteurs qui semblent pousser Symphorien au supplice. Derrière lui une figure d'homme à cheval, le bras tendu en avant, dans un raccourci saisissant, indique à merveille par un geste de commandement l'inexorable destin. La figure calme et parfaitement belle du Saint paraît, les bras levés au ciel, pouvoir arrêter cette marche fatale. Mais les yeux du jeune homme rencontrent ceux de sa mère. Dans l'énergie et la sérénité des regards qui se croisent on sent que le supplice prochain n'inspire point de crainte à leurs âmes de croyants.

L'intérêt de la peinture par le sujet prend donc ici une valeur véritable. Or ni le style, ni même la signification de cet ouvrage ne sont aperçus. La foule s'arrête au Salon devant *la Jeanne Grey* de Paul Delaroche.

« Me voir préférer une vignette anglaise ! » grince entre ses dents M. Ingres.

Dans son ressentiment il imagine alors un sujet de tableau qu'il n'exécutera jamais. Il en existe de petits croquis accompagnés de notes où l'on peut lire sa pensée. L'œuvre aurait représenté le *Triomphe de la Médiocrité.* Celle-ci, revêtue d'un habit de toutes les couleurs, aurait reçu une couronne de l'Univers cependant que, vêtu d'une robe blanche, le Vrai Mérite lui aurait barré l'entrée du temple de la Gloire. Bien d'autres figures secondaires eussent compliqué cette allégorie. Ingres songeait à mettre autour du Vrai Mérite une sorte de garde destinée à le retenir captif, on y aurait vu le Mauvais Goût embrassant un monstre, la Jalousie avec un poignard à la main, la Ruse, la Calomnie, l'Avarice et même la Luxure et la Simonie ! Cependant que dans un coin du tableau une figure endormie aurait symbolisé la Vengeance prête à se réveiller.

Fruit du cauchemar de ses nuits, ce projet reçoit l'approbation de tous ses amis. On prend grand soin dans son entourage de le calmer.

En dehors de la chapelle ingriste il n'en est naturellement pas de même. Il n'y a pas que les articles de journaux. Dans la rue il aperçoit les élèves de Gros qui rient sur son passage. A l'Institut même, l'attitude de ses collègue lui paraît suspecte. Un de ses plus cruels ennemis, le journaliste Théophile Sylvestre, le raconte spirituellement : M. Ingres avance-t-il une proposition, on la trouve parfaite. Au dépouillement du scrutin il ne sort de l'urne qu'une boule, celle que M. Ingres y a lui-même déposée. Et les Immortels de rire dans leur collet, et lui de tempêter, de faire jouer le télégraphe de ses bras, de ne voir que lumières en cherchant sa canne et son chapeau pour s'enfuir chez lui et s'y jeter en sanglotant dans les bras de sa femme qui s'écrie : « Consolez-vous de ces misérables perfidies, correspondez dorénavant avec le Ministre seul ou avec le Roi ; ne préparez plus tous les jours des brouillons de lettre pour donner votre démission ; restez Académicien et n'allez plus à l'Académie. »

Comme la direction de la Villa Médicis se trouve vacante, M. Ingres la demande. On ne fait pas de difficulté pour la lui donner. Ainsi, après dix ans d'absence, il retourne en Italie. Ses élèves lui offrent avant son départ une coupe damasquinée. Il leur dit qu'il part « en exil » parce que son « ingrate Patrie » ne veut point de lui et il donne à ceux qui pourront venir rendez-vous à Rome.

CHAPITRE XIII

Sachant que M. Ingres a quitté Paris et calculant à peu près la durée du voyage, les pensionnaires de la villa se rendent chaque soir en cavalcade jusqu'au tombeau de Néron, où s'arrêtent les voitures, dernière halte avant l'entrée dans Rome.

L'arrivée de M. Ingres excite à l'avance la sympathie, même de ceux qui ne l'ont pas connu. On le dit allié de la jeunesse. La chaleur de ses sentiments, la lunette grossissante par laquelle il déforme tout, lui enlève ce que l'âge donne aux autres hommes de pondération et d'ennui.

La manifestation collective qu'on prépare est manquée. Des accidents d'ordre matériel causent de successifs retards. M. et Mme Ingres arrivent en pleine nuit en compagnie d'un élève du maître, le jeune peintre Lefrançois. Tous les trois meurent de fatigue. Ils couchent dans le premier hôtel venu. Sans doute dormiraient-ils toute la matinée si Horace Vernet, le directeur qui laisse la place, prévenu que son successeur est à Rome, ne jugeait bon de se précipiter auprès de lui.

Qu'importe qu'il dorme ! Il plaît à Vernet de voir M. Ingres au lit coiffé de son bonnet de coton. Il le fait réveiller et pénètre dans sa chambre.

— Je viens vous présenter mes compliments au pied du lit. Mon cher Ingres, lorsqu'on a le même grade dans l'armée, on est autorisé à de telles privautés. Ne vous gênez pas pour moi. Parlez-moi d'abord de votre santé et de la chère Madame Ingres. Comment avez-vous voyagé ? Donnez-moi des nouvelles de Paris, de ce qu'on y peint, de ce qu'on y joue, de ce qu'on y chante. Je n'imagine point que l'accueil qui vous fut fait au Salon...

— Ne parlons point de cela.

— Bon ! je comprends votre amour-propre. Moi je n'en suis pas dépourvu non plus. Par bonheur mes tableaux ne recueillent que des louanges...

Horace Vernet commence un insensé babillage sur lui-même, ses succès, ses médailles, ses voyages, ses campagnes car il se dit soldat, ou plutôt colonel, la fortune qu'il gagne, les honneurs dont les souverains d'Europe le comblent. Il en vient à parler de son atelier de la Tour des Dames à Paris :

— Le bon temps est fini pour mes voisins maintenant que je reviens. Peintre de soldats, les soldats viennent me voir. On rencontre chez moi un vrai bataillon de fantassins, de cavaliers, d'artilleurs. On joue du clairon et du cor de chasse pendant que je peins. On donne dans mon atelier des leçons de danse, d'escrime et de bâton... Constamment j'ai des modèles des deux sexes à ma disposition, sans compter des chevaux, des singes, des chèvres, des bouledogues. Tout cela s'agite autour de moi, j'aime la vie, j'y puise mon inspiration.

— Vous n'avez pas transporté cette façon de travailler à la villa ?

— Ma foi, répond en riant Vernet, je vous avoue qu'on ne s'y ennuie pas. Quant au travail sacrebleu ! il ne chôme pas non plus. Vous savez d'ailleurs que je ne suis pas paresseux. Je donne l'exemple à toute cette jeunesse.

— Laissez-moi m'habiller, s'écrie M. Ingres, hors de lui.

Horace Vernet l'abandonne en pouffant. M. Ingres va dans la chambre voisine réveiller doucement Mme Ingres. Pendant ce temps Horace attend dans une voiture au bas de l'hôtel et cause avec quatre ou cinq amis car il n'est jamais seul. Le monde le recherche. Non seulement c'est une célébrité, mais c'est un homme de société et si rempli de gaieté ! Il dit qu'il ne prévoit rien qui pourra jamais l'empêcher de rire hormis toutefois — et là il prend soudain l'air grave — s'il était touché dans ses affections de cœur.

On parle d'Ingres à bâtons rompus :

— Connaissez-vous son mot au sculpteur Duret qui l'invitait à voir son *Danseur Napolitain*, figure nue à un petit bout de caleçon près ? Ingres entre, il commence par quelques éloges, puis brusquement : « Vivez-vous exclusivement de votre métier ou avez-vous quelque autre ressource ? » Duret répond qu'il a douze mille francs de rente. Alors savez-vous le mot d'Ingres ? « Douze mille francs de rente

Monsieur, mais alors avec douze mille francs de rente on ne met pas de caleçon à ses statues ! »

— Je pense en vous écoutant, répond Vernet à un malheureux peintre qui a quitté Paris pour la province en disant que l'Art était perdu. Il s'appelle Réatu et pratique à Arles les idées antiques dans lesquelles David l'avait installé et dont il ne veut plus sortir. Le brave Réatu s'indignait que l'on peignît autre chose que le nu, le nu intégral. Notre mouvement romantique l'a effrayé et si vous savez ce qu'il appelait romantique ! Gérard, oui, Gérard lui paraissait suspect parce qu'il avait peint selon son propre mot, des culottes courtes et des souliers à boucles. Ingres en a fait tout autant, remarquez-le. Il se méfie de tout pittoresque, et bientôt sous couleur de Raphaëlisme, il ne peindra rien d'humain.

— Il est déjà si froid.

— Froid dans ses tableaux, oui, bien que certains prétendent le contraire, mais nerveux en diable lui-même. Il s'indigne lorsqu'on ne dit pas « amen » à ses paroles les plus folles. C'est un enfant gâté.

— Savez-vous qu'il est extrêmement gourmand ? Lehman l'a rencontré un jour au coin de la rue Jacob et de la rue des Saints-Pères devant la boutique du patissier Guerbois. Il paraissait attendre quelqu'un ou quelque chose. Tout à coup il s'écrie : « Mangeons des gâteaux ! » et entraîne son élève. Il regarde en même temps dans les glaces du magasin sous tous les aspects la maîtresse de la maison : « Voyez-vous, dit-il à Lehman, à la dérobée, la bouche et les yeux pleins et dévorants, voyez-vous ?...

Mais regardez-donc !... c'est comme du Raphaël, tout un Raphaël, mangez donc de ceci, tenez ! et de cela !... Vous rappelez-vous la Madone de Foligno ?... Et ce baba ?... Absolument un Raphaël...

Au bout d'une assez longue dégustation : « Mon omnibus, s'écrie le père Ingres, le voilà qui passe avec de la place sur l'impériale. Arrêtez-le, arrêtez-le ! » Et il y grimpe aussi lestement qu'un singe ». « Vous paierez pour moi ! » crie-t-il à Lehman. La note des gâteaux s'est élevée à un bon petit total. Il n'en fut jamais plus question entre le maître invitant et l'élève contribuable.

— Quel enfant gâté, répète Vernet... Sa bonne femme fait aussi beaucoup pour le rendre insupportable. Il a bien trouvé la brave bourgeoise qui lui convient. Rude allait un jour chez eux. Vous savez qu'il porte une grande barbe. Mme Ingres lui ouvre la porte. Il se découvre poliment et, avant qu'il n'ait dit un mot : « Non, mon ami, lui fait la mère Ingres, mon mari n'a pas besoin de vous aujourd'hui. » Elle referme la porte et le pauvre Rude entend sur le palier la voix du père Ingres : « Qui est-ce ? »... Et la mère Ingres : « Ce n'est rien, c'est un *Fleuve* qui venait t'ennuyer ». La brave dame avait pris le sculpteur pour une divinité fluviale posant dans les ateliers. Rude riait aux larmes en me racontant cette aventure. — « Pour du talent, disait-il, il en a ce bougre d'Ingres, mais quel bourgeois, mes petits amis, quel affreux bourgeois ! »

— Trouvez-vous réellement, demande-t-on à Vernet, qu'il ait du talent ?

— Nous pouvons dire la vérité entre nous, mes amis, je vous assure qu'il modèle un manteau bleu de vierge avec du bleu et du blanc simplement ! Je l'ai vu.

Ils se taisent un moment comme s'ils mesuraient le degré de la tromperie. Puis un autre reprend :

— Signol l'a rencontré un jour immobile et captivé à l'angle de la rue d'Assas et de la rue Vavin. Savez-vous ce qu'il admirait ? Un peintre en bâtiment qui d'un geste égal et rythmé peignait en brun les boiseries de la devanture d'un épicier. Naturellement, Signol n'y comprenait rien. « Cher maître, que faites-vous donc là ? lui demande-t-il. Pour toute réponse Ingres lui montre l'ouvrier : « Voyez, et admirez ; il en prend et en met juste ce qu'il faut ! »

— Ses élèves sont bien crédules qui cherchent dans des mots pareils une signification...

La conversation est arrêtée par l'arrivée de M. Ingres, de son épouse et de son élève Lefrançois. M. Ingres a le cou engoncé dans un col presque trop haut qui lui fait tenir la tête droite un peu en arrière, lui donnant un air hautain que le sérieux de la phsyionomie et la lèvre boudeuse accentuent. Il porte une redingote noire toute boutonnée, un pantalon gris, des souliers vernis, un chapeau haut de forme, des gants blancs et une canne à pommeau d'or.

On part au trot pour la villa Médicis dont les deux tours élégantes, reliées par une aérienne balustrade, qui surmontent le Monte Pincio sont aperçues de tous les points de Rome.

Avec quelle émotion Ingres fixe les yeux sur elles ! Et une fois arrivé devant l'illustre demeure sous les pins parasols et les chênes remplis de chants d'oiseaux, il s'empresse d'embrasser du regard la ville éternelle. Au bord des terrasses, dessinant leurs balustrades sur d'incomparables horizons, M. Ingres s'accoude pensif, clignant des yeux sur cette houle rougeâtre, d'édifices de laquelle émergent sous un ciel bleu de janvier, les dômes des églises, et le plus imposant, le plus gigantesque, celui de Saint-Pierre !

Que de souvenirs !...

Mais voici des voix mâles et des pas pressés. Les pensionnaires accourent. A leur tête est Hippolyte Flandrin, les yeux tout pleins de larmes. M. Ingres l'embrasse longuement. C'est un de ses plus chers élèves. Il a été grand prix en 1832. Et M. Ingres rappelle qu'il aurait dû l'être avant :

— Toujours l'iniquité des juges de l'Institut !

— Ah ! mon cher maître, répond Flandrin, je me souviendrai toujours quand j'ai raté mon prix la première fois, de ce que vous dites en me voyant après le jugement : « Voici l'agneau qu'ils ont égorgé! »

Tous les jeunes gens rient de ce souvenir, de cette phrase que M. Ingres, lui, a prononcée le plus sérieusement du monde. L'on se sent prêt déjà à l'écouter, à faire trêve sous son directorat d'un esprit de rebellion très fréquent à la villa Médicis.

Le poste de directeur n'est en général pas enviable. Difficultés avec l'Académie des Beaux-Arts qui fait de continuelles observations, difficultés avec les pensionnaires qui n'accomplissent pas leurs envois réglementaires, qui sont malades, tapageurs, mal élevés, qui veulent quitter Rome et tout de même profiter de leur pension, qui tombent brusquement amoureux, qui se plaignent de manquer d'argent, se disputent entre eux ; difficultés aussi avec les autorités de Rome pour obtenir l'autorisation des copies ou des moulages, bref un travail incessant et ingrat.

La première affaire que M. Ingres doit résoudre dès son arrivée est celle des pensionnaires mariés. Il était arrivé plus d'une fois que des élèves se fussent mariés. Des pourparlers s'établissaient alors avec le Ministre de l'Intérieur à Paris. Les autorités se montraient en général tolérantes. Ainsi, sous le directorat de Vernet, M. Thiers avait accordé à l'architecte Baltard le bénéfice de sa pension et la dispense d'habiter la villa Médicis. Horace Vernet trouva plaisant à ce moment d'inquiéter le ministre en lui écrivant : « Je suis persuadé que si on n'y met bon ordre, mon successeur n'aura plus à diriger à l'Académie que des nourrices et des bonnes d'enfants ; je crois qu'alors au lieu d'un peintre, on pourrait lui substituer un accoucheur ».

L'Académie des Beaux-Arts à laquelle revinrent ces propos qui ne correspondaient à rien de réel, puisque les élèves mariés n'habitaient pas l'Académie de France, s'empressa d'accuser Horace Vernet d'être « l'auteur de ce désordre ». Et l'on voulut aussitôt y remédier.

En réalité, il n'y a pas plus de trois pensionnaires mariés, y compris Baltard, lorsque M. Ingres arrive. Il a la consigne de les faire rentrer au bercail en les priant d'abandonner dans Rome leur femme et leurs enfants.

Baltard a sa réponse prête. Il récite à M. Ingres le code civil : « La femme doit suivre en tout lieu son mari et légitime époux, lequel à son tour lui doit asile et protection en toutes circonstances. »

— Bravo, s'écrie M. Ingres, il faut écrire cela à M. Thiers.

Les pensionnaires mariés rédigent aussitôt une lettre où ils font entrevoir au ministre qu'obligés par lui de coucher à la Villa, ils y emmèneront leurs femmes et leurs enfants pour satisfaire à la loi. Ainsi la prédiction de Vernet se réalisera.

La lettre, d'un ton persifleur, indispose à Paris. La querelle menace de ne pas finir. Cette fois, M. Ingres en a assez. Il prend la plume lui-même. Il déclare avec son habituelle fermeté qu'il faut avoir un peu de bon sens, que le Ministre et l'Académie doivent s'incliner devant une situation de fait, et conserver aux pensionnaires mariés les avantages qu'on leur a précédemment accordés.

Le Directorat d'Horace Vernet vient d'être si fertile en querelles de toutes sortes qu'il paraît mauvais de recommencer aussitôt avec M. Ingres. On aspire à un moment de paix et on lui donne la victoire.

Vernet reste encore trois semaines à Rome. Il prend le temps de faire ses adieux à la noble société romaine qu'il a somptueusement reçue à l'Académie de France. Ses innombrables amis organisent avant son départ un banquet au Palais Ruspoli. A l'heure des toasts, le sculpteur danois Thorwaldsen lui offre une couronne de lauriers. On est en train d'applaudir lorsque les domestiques prennent des airs effrayés. Les gendarmes du Pape sont là. Le banquet a eu lieu un jour d'abstinence. Le maître d'hôtel, pour éviter la prison, s'enfuit à toute allure dans la direction de la Villa Médicis où le droit d'asile le protègera. Enfin, après quelques pourparlers avec l'autorité ecclésiastique, l'affaire est liquidée comme il se doit par une amende de cent écus.

Horace Vernet parti, M. Ingres fait connaître que son salon sera ouvert chaque soir après dîner aux pensionnaires. En outre, le jeudi et le dimanche soir, Mme et M. Ingres recevront quelques invités. Les artistes français résidant à Rome sont principalement conviés à ces réunions. Chose curieuse, elles perdent le principal attrait qu'elles avaient au temps de Vernet. L'élément féminin fait brusquement défaut. On ne trouve le plus souvent, à ces soirées, que de jeunes hommes. Dans le salon dont l'éclairage est pauvrement mesuré, Mme Ingres, accaparant la lumière d'une lampe à pétrole, fait de la tapisserie. M. Ingres qui se tient volontiers debout, adossé à la cheminée, demande aux élèves compositeurs de lui jouer de la « musique vertueuse ». Il appelle ainsi celle de Bach, de Haydn, de Gluck, de Mozart ou de Beethoven. Pendant l'audition, si un invité, assis sur une inconfortable chaise de paille, fait craquer son siège, de quel regard M. Ingres le foudroie !

Entre les morceaux de musique, conversation. Que chacun parle, s'il ne doit point toutefois, pécher contre le goût. Stendhal, hasarde un jour cette idée qu'il n'y a point de chant dans Beethoven. M. Ingres, dès qu'il prend congé, quitte un moment ses invités, pour le suivre jusqu'à la porte des jardins et le désignant de dos au portier :

« Je n'y serai jamais pour ce monsieur ! »

CHAPITRE XIV

Durant la première année de son directorat, M. Ingres ne touche pour ainsi dire pas à ses pinceaux. Ses nerfs sont très ébranlés par l'échec du *Saint-Symphorien* et sa santé est fort mauvaise. Il se plaint de rhumatismes, de douleurs de tête. Il est pris souvent de vomissements qui lui ôtent tout courage. Il reste, selon sa propre expression, un « laborieux contemplatif ».

Sur cette belle terre italienne retrouve-t-il toutes les admirations de sa jeunesse ? Oui, sans doute, avec quelques nuances cependant. Son amour pour les Primitifs est moins vif, le plein épanouissement de Raphaël plus que jamais le hante. Il cherche passionnément les secrets de cette beauté plastique. Il ne se contente pas de dire que Raphaël était « un Dieu descendu sur la terre », qu'il était « beau », qu'il était « bon », qu'il était « tout », il explique parfois devant les jeunes artistes quelques raisons qui, en dehors de la part psychique, insaisissable des chefs-d'œuvre forment des règles bonnes, non pas pour tous, mais pour ceux qui les comprennent :

« Je suis convaincu qu'il travaillait de génie et qu'il portait toute la nature dans sa tête ou plutôt dans son cœur. Lorsqu'on en est là, on est comme un second créateur.

« La différence est grande entre l'art de reproduire dans un tableau les traits caractéristiques de la Nature que l'on a relevés à l'avance et le talent qui consiste simplement à copier avec exactitude sur la toile l'homme qu'on a fait venir pour poser.

« ...Votre modèle n'est jamais la chose même que vous voulez peindre, ni comme caractère de dessin, ni comme couleur ; mais, en même temps, il est indispensable de recourir à lui. Pour peindre Achille, le plus beau des hommes, n'eussiez-vous qu'un malotru, il faut qu'il vous serve, et il vous servira pour la structure du corps humain, pour le mouvement et l'aplomb...

« Quelque génie que vous ayez, si vous peignez non d'après la Nature déjà copiée par vous, mais directement d'après le modèle, vous serez toujours esclave, et votre tableau sentira la servitude. Raphaël au contraire avait si bien dompté la Nature, il l'avait si bien dans la mémoire, qu'au lieu qu'elle lui commandât, on dirait que c'est elle-même qui lui obéissait, qu'elle venait d'elle-même se placer dans ses ouvrages ».

Pour beaucoup des jeunes peintres qui l'écoutent, ce raisonnement paraît nouveau. Dans leur éducation d'artiste on ne leur a pas donné assez l'habitude de considérer les bienfaits de la mémoire plastique.

Devant le modèle, asservis à l'accidentel, ils copient. Loin du modèle, ils stylisent difficilement et pauvrement. Ni l'une, ni l'autre de ces deux alternatives ne sont bonnes. Il faut opérer comme « un second créateur » par la connaissance. De cette manière seulement il est possible de faire de la peinture d'histoire, de composer.

Comme on demande un jour à Ingres s'il y a des règles pour la composition, sa figure se crispe légèrement, car c'est là le grand secret auquel il ne cesse de penser. Il fait cette simple remarque :

« Les Anciens ont affecté de séparer tous les objets dans leurs tableaux. C'est là un principe qu'ils ont tous plus ou moins suivi et qui leur a surtout attiré les critiques des modernes, parce que ceux-ci se sont imposé le principe absolument contraire, celui de tout lier. Si l'on se croit le droit de condamner en cela les Anciens, que l'on condamne également leurs ouvrages dramatiques. Condamnez donc aussi, insensés ! tous ceux de leurs ouvrages où ils ont voulu la simplicité, puisqu'on recherche aujourd'hui un vain éclat et une pompe mesquine, puisque, dans tous les genres, nous montons sur des échasses pour nous faire grands. Cette règle d'espacer les objets en Peinture et dans les bas-reliefs tenait au désir d'exprimer pleinement la beauté et de la montrer dans les développements des lignes. Ils n'auraient pas consenti, comme nous, à sacrifier des parties considérables d'une figure en les cachant derrière une figure voisine. Il n'était pas permis alors à un artiste de se résoudre au moindre sacrifice ou de s'abandonner à la moindre négligence. Tout devait être beau dans son ouvrage parce qu'il fallait que tout s'y fit nettement distinguer. »

M. Ingres, lorsque les artistes l'en prient, se rend dans les ateliers pour y apprécier leurs travaux et de sa bouche sortent encore des conseils que l'on se répète :

« Il faut donner de la santé à la forme. »

« Plus les lignes et les formes sont simples, plus il y a de beauté et de force. Toutes les fois que vous partagez les formes, vous les affaiblissez. Il en est de cela comme du fractionnement en toutes choses. »

« Pourquoi ne fait-on pas du grand caractère ? Parce qu'au lieu d'une forme on en fait trois petites. »

« Les belles formes ce sont des plans droits avec des rondeurs. Les belles formes sont celles qui ont de la fermeté et de la plénitude, où les détails ne compromettent pas l'aspect des grandes masses. »

« En étudiant la nature, n'ayez d'yeux d'abord que pour l'ensemble. Interrogez-le et n'interrogez que lui. Les détails sont des petits importants qu'il faut mettre à la raison. La forme large et encore large ! La forme : elle est le fondement et la condition de tout. Tout a une forme, même la fumée ! »

Lorsqu'il voit un jeune artiste fourvoyé dans un réalisme assez plat, M. Ingres soupire :

« Le Laid, on le pratique parce qu'on ne voit pas assez le Beau ».

Il dit encore devant un modèle :

« Je sais bien que si vous voulez voir cette jambe

laide, il y aura matière, mais je vous dirai prenez mes yeux et vous la trouverez belle. »

Dominé par cette puissante personnalité, chacun s'applique à prendre les yeux de M. Ingres, entreprise difficile.

Ernest Hébert, qui a des instincts de copiste et sait mal choisir, se croit soudainement converti au Beau. Il fait venir un débardeur du Tibre dans le dessein d'en faire un berger antique. Puis, plein d'espoir, il provoque la visite du directeur. M. Ingres paraît satisfait, indulgent. Tout à coup il retourne une toile qui se cache contre le mur. Elle représente un homme en chapeau pointu qui porte ombre sur ses yeux noirs, la bouche rouge, les joues pâles, grelottant dans un manteau couleur d'amadou, et devant cette surprenante apparition romantique il demande :

— Qui a fait cela ?

— C'est moi, monsieur le directeur.

— C'est vous, monsieur, qui avez fait cela ?

— Oui, monsieur, c'est moi.

— Eh bien ! cela c'est très bien, dit-il avec force, et se tournant vers le berger antique :

— Et cela c'est mauvais !

Il serre la main du jeune artiste et les yeux étincelants il s'en va, en scandant de sa canne ses pas sur le plancher sonore de la loggia.

M. Ingres a, parmi les tâches de directeur qui lui tiennent le plus à cœur, celle de surveiller les grandes copies de Raphaël et de Michel Ange que l'on fait par ordre de M. Thiers. Paul et Raymond Balze ont l'énorme charge de copier les Loges. M. Ingres est enthousiasmé par la fidélité et l'esprit qu'ils mettent dans ce travail. Il ne ménage pas non plus les éloges à Sigalon que M. Thiers dès 1833 a chargé de copier *le Jugement dernier* de la Chapelle Sixtine. Cet immense travail terminé, le malheureux Sigalon meurt du choléra en 1837.

Une épidémie décime cruellement Rome à cette époque. On compte deux cents morts par jour et l'on ne peut plus sortir de la ville. Les paysans des environs, pour se garder de la contagion, reçoivent les fugitifs à coups de fusil.

Ingres écrit à Gatteaux au plus fort du fléau :

> ... Quelques Français et les Jésuites se sacrifient par un effet de leur vive charité en soignant jusque dans les rues les malades déunés de tout. Tous les cholériques morts sont portés sans exception, bien encaissés (seul bienfait du gouvernement !) au cimetière de Saint-Laurent-hors-des-murs. Et voilà ! Nous, nous faisons groupe à la villa Médicis ; nous nous serrons comme des oiseaux effrayés, mais sous l'abri d'un grand arbre, jusqu'à ce que l'orage soit passé, vivant sobrement, le plus tranquillement possible. Moi, non pour chasser l'inquiétude, car je suis calme dans ce danger, mais pour chercher une forte distraction, je travaille toujours et j'y pense moins.

Peu à peu en effet M. Ingres a repris ses pinceaux, mais durant les six années de son directorat il n'achèvera pas plus de trois tableaux. L'un est commandé par le duc d'Orléans, c'est la *Stratonice*, l'autre, attendu par l'empereur de Russie, représente une *Vierge à l'hostie*, le troisième, réservé à Marcotte, est un de ses plus beaux nus : *l'Odalisque à l'esclave.*

La Stratonice à elle seule occupe M. Ingres durant plus de cinq ans. L'exécution des deux autres tableaux se fait entre temps avec plus de facilité, surtout en ce qui concerne *la Vierge à l'hostie*, en partie reprise de la figure du *Vœu de Louis XIII. L'Odalisque à l'esclave* est peinte presque sans modèle « par la connaissance ». Elle y gagne de s'enclore dans un galbe d'une ligne vraisemblable autant qu'irréelle. La richesse du décor, le soin des accessoires, la grâce d'une figure secondaire, une jeune chanteuse qui s'accompagne d'une guitare, le jardin de l'arrière-plan où se dresse l'immobile silhouette d'un eunuque noir, tout cela ajoute une mise en scène poétique d'une couleur locale très cherchée.

La *Stratonice* appartient à une veine d'inspiration aussi heureuse. Les intentions d'exactitude archéologique dans le décor ont fait traîner l'exécution. M. Ingres suit sous ce rapport les conseils qu'on lui donne. Il se fie aux savants, aux gens instruits ou simplement sûrs d'eux-mêmes. Tous ceux qui arrivent devant lui avec des théories sur la façon dont à différentes époques s'habillaient « les Anciens », sur leurs costumes, leurs maisons, leurs meubles, trouvent dans le directeur de la ville Médicis un auditeur attentif et respectueux.

En définitive toute la peine dépensée ainsi dans le tableau est devenue inutile ; les érudits modernes jugent la reconstitution fausse.

Le sujet de *Stratonice* passionne M. Ingres. Plus d'une fois il le raconte à Paul et Raymond Balz admis à l'honneur d'aider le maître en peignant directement sur le tableau certains accessoires.

Le jeune Antiochus va mourir atteint d'un mal mystérieux. Son père se désespère au chevet du lit. Un médecin est là qui ne peut dissimuler un geste de surprise en voyant passer dans la chambre, silencieuse et mélancolique, une adorable jeune femme. La vérité se devine, le moment « fait tableau ».

La suite de l'histoire, dit M. Ingres, est un exemple d'abnégation morale à l'honneur du vieux roi. Apprenant que le jeune fils qu'il a eu d'un premier lit meurt d'amour pour la seconde épouse de son propre père, il a le courage de lui abandonner Stratonice.

Le tableau est achevé le 20 juillet 1840. M. Ingres y promène encore un pinceau caressant deux heures avant la mise en caisse. Les ouvriers attendent pour l'emballage. Il faut se résoudre à le croire terminé. M. Ingres éprouve un sentiment bizarre, quelque chose de déchirant et de doux, comme s'il était le père d'Antiochus lui-même. Il sait vers quelle destination va son œuvre, mais non pas vers quelle destinée et il essuie quelques larmes.

Gatteaux, le véritable ami, est chargé de recevoir le tableau à Paris et de le montrer au duc d'Orléans.

Mille recommandations lui sont données par lettre pour le déballage. « Quant à vous dire ce qu'il est, d'autres vous diront l'effet qu'il vient de produire ici : moi je ne le vois plus. Dans cette terrible fatigue où je n'ai constamment eu que le désir de satisfaire aux exigences du bel art, de contenter sous ce rapport notre aimable prince et le bon esprit de mes amis (vous le premier bien entendu), je lui ai, jusqu'au dernier moment, donné les soins les plus tendres à ce cruel tableau qui m'a tant tourmenté. »

M. Ingres est bientôt rassuré. A une lettre enthousiaste de Gatteaux, il répond par ce billet :

Bien bon ami,

Au reçu de votre prompte lettre si attendue, ma femme est accourue émue me la lire, et les termes dans lesquels vous exprimez si bien votre précieux contentement sur mon ouvrage, ont distillé dans mon cœur comme un baume salutaire. Cela nous a rendu tellement heureux que, tous deux, les yeux pleins de larmes d'attendrissement, nous nous sommes embrassés. Mais vous nous manquiez là, bien sensiblement... Je suis d'autant plus heureux de votre approbation, la première, que j'étais jaloux d'acquérir pour tant de raisons, parce que j'ai en vous, dans votre goût éclairé, dans la loyauté de votre caractère, une confiance sans bornes, je suis, dis-je, d'autant plus heureux que je trouve que je n'ai jamais été loué par vous aussi copieusement, mon cher Aristarque.

Stratonice est exposée publiquement au Palais Royal. A part le *Vœu de Louis XIII* aucun ouvrage d'Ingres ne recueille peut-être autant d'éloges. Le duc d'Orléans lui-même écrit bientôt à M. Ingres :

... Son apparition a désarmé la critique et conquis tous les suffrages. Je n'ai pas la prétention de joindre le mien à l'unanimité de ceux qu'a recueillis ce magnifique ouvrage, mais je n'ai pas voulu attendre jusqu'au moment où vous reviendrez jouir ici d'un succès aussi bien mérité, pour vous exprimer mon admiration pour une œuvre aussi complète et ma joie d'avoir sous les yeux un tableau dont l'école française s'enorgueillit à si juste titre.

Ingres apprend encore que le duc d'Orléans refuse de poser devant aucun peintre, ayant fait vœu d'attendre son retour pour lui commander son portrait. Il reçoit aussi d'un grand seigneur, le duc de Luynes, la proposition d'exécuter une décoration pour son château de Dampierre, près de Paris.

Toutes ces bonnes nouvelles l'engagent à retourner en France. Son directorat terminé, il n'en demande pas le renouvellement et installe son successeur le peintre Schnetz au début de l'année 1841. Il lui fait remarquer que la villa est dans une situation prospère, qu'il a maintenu son administration dans les étroites limites du budget annuel, qu'il a obtenu des subventions particulières de l'État pour consolider l'antique demeure, construire des dépendances, décorer les jardins, remettre en état le belvédère. Il lui rappelle qu'il a fait créer pour les élèves un cours d'archéologie. Schnetz admire et approuve tout. Seulement il juge que le salon de M. Ingres n'est guère attrayant. Le premier jour où il prend la direction, il le transforme en une sorte de fumoir brillamment éclairé, rempli de petites tables à jeu et il invite avec bonhomie les pensionnaires aux délices de la manille et du tric-trac.

M. et Mme Ingres sont encore présents. Ils restent durant cette soirée impassibles comme des statues. Les élèves prennent modèle sur eux pour témoigner d'une hautaine désapprobation. Le nouveau directeur est mal à son aise. Le lendemain il vient s'excuser auprès de M. Ingres. Le maître est d'assez bonne humeur, il ne se montre pas désagréable, il parle de la dignité de l'Art et finit par cette apostrophe : « Malheur à qui joue avec son art ! Malheur à l'artiste qui n'a pas l'esprit sérieux ! »

M. et Mme Ingres quittent Rome au mois d'avril, retournant en France par petites étapes. C'est à Livourne qu'ils s'embarquent pour Marseille. Paul et Raymond Balze les ont accompagnés jusque-là. Les adieux sont touchants. M. Ingres sanglote. Une fois sur le bateau, au moment où on lâche les amarres, il trouve un mot à la hauteur de la situation : « Que Rome est belle et que tout le reste est petit... »

CHAPITRE XV

« Je compte sur ma vieillesse, elle me vengera », avait dit M. Ingres au plus fort de ses luttes.

Lorsqu'il arrive de Rome après son directorat il va avoir 60 ans. Et la façon dont il est accueilli à Paris a le caractère d'une consécration.

Ses amis organisent en son honneur un banquet de plus de quatre cents couverts. La plupart des amateurs et des artistes, peintres, sculpteurs, architectes, s'y rendent. Eugène Delacroix n'y est pourtant pas ; quelques autres Romantiques se sont également abstenus.

Le marquis de Pastoret prononce un discours :

« Vous avez été méconnu. L'on ne vous en a vu concevoir ni ressentiment, ni rancune...

Les paroles des cérémonies n'engagent pas toujours la vérité...

Et le marquis continue :

... « On vous a rendu justice, et cette justice était de la gloire, vous n'en avez été ni moins indulgent, ni moins facile... »

Au ronron de son éloquence succèdent les applaudissements.

On offre ensuite à M. Ingres une couronne d'or et un concert dont Berlioz a composé le programme uniquement avec du Glück et du Weber.

La passion du peintre pour la musique est connue presque à la façon d'une légende et l'expression « avoir son violon d'Ingres » commence à entrer dans la langue.

Peu de temps après, Louis-Philippe invite M. Ingres à visiter le château de Versailles où l'on poursuit la monstrueuse entreprise d'illustrer, grandeur nature, l'histoire de France ; puis le roi le reçoit au château de Saint-Cloud, et de nouveau on interprète Glück en son honneur.

La revue *l'Artiste* demande qu'on lui donne un siège à la Chambre des Pairs, comme un « couronnement nécessaire à sa carrière ».

Les comédiens du théâtre Français lui font parvenir la lettre suivante :

Monsieur,

En apprenant votre retour en France, le Comité d'Administration du Théâtre Français a conçu la pensée de signaler les sympathies des comédiens dont il est l'organe, pour l'art que vous venez de représenter avec tant d'éclat dans la patrie de Raphaël et de Michel-Ange.

Voudriez-vous agréer, à ce titre, le droit de venir vous asseoir parmi nos juges, d'encourager nos efforts et d'ajouter quelquefois à nos succès, la sanction d'un suffrage tenu à si haut prix par tous les artistes dont le but est de surprendre à la Nature le secret de la plus poétique expression ?

Heureux que cet hommage puisse trouver place parmi ceux que vous réserve le pays, nous serions fiers d'avoir été admis à acquitter notre part de la dette.

Nous avons l'honneur d'être, Monsieur, avec les sentiments de la plus sincère admiration,

Vos très humbles serviteurs.

Les membres du Comité d'administration de la Comédie française,

RÉGNIER, PROVOST, SAMSON, LAUGIER.

La satisfaction d'Ingres est réelle, bien qu'il se plaigne du trop grand nombre des hommages qu'on lui adresse. Il écrit à Gilibert :

Tu connais Paris. Eh ! bien, il m'est tombé dessus. J'en suis accablé. Lorsque je crois pouvoir gagner les bords du gouffre, je m'y vois replongé de plus belle. Toutes mes heures, tous mes moments sont comptés, toutes mes soirées précédées de dîners sont retenues d'avance. J'expie les honneurs et les ennuis d'une position digne d'envie, certes, mais qui au fond ne me rend pas heureux, il s'en faut. J'aimerais mieux le calme et la douceur du foyer avec mes amis choisis et mon atelier, où je suis roi, où j'oublie qu'il est des ennuis, des chagrins ; là où je suis heureux avec les difficultés à vaincre de mon bel art, quelquefois couronné par ma propre approbation et surtout quand je revois longtemps après, dans le monde où je les ai lancés, ces enfants qui m'ont coûté tant de soins et de sollicitude tendre et courageuse. Voilà ce qu'il me faut.

Depuis que j'ai peint les portraits de Bertin et de Molé, tout le monde en veut. En voilà six que je refuse ou que j'élude, car je ne puis les souffrir. Eh ! ce n'est pas pour peindre des portraits que je suis retourné à Paris. Je dois y peindre Dampierre et la Chambre des Pairs.

Cependant, j'ai dû accepter de peindre le duc d'Orléans, ce vrai prince, mon aimable Mécène auquel je ne pourrai jamais rien refuser. Je ne puis t'exprimer au reste, comme le roi et toute la famille royale m'ont honoré. Si tu pouvais les approcher et les connaître, tu les adorerais. Je suis bien vengé...

M. Ingres tient par-dessus tout au titre de peintre d'histoire. Il se plaint volontiers, la lettre précédente en fait foi, que les portraits lui fassent perdre du temps. David éprouvait exactement le même sentiment. Ingres, comme David, n'aurait jamais pu croire que la postérité s'attarderait devant les figures de leurs contemporains tout autant que devant les œuvres où ils tentaient de faire tenir tout leur idéal. Mais ce n'est jamais aux ambitions d'un peintre qu'on mesure l'agrément de la peinture.

Dans un portrait, la science exercée d'un peintre d'histoire se joue de difficultés réduites. En vertu de cette banale remarque : « Qui peut le plus peut le moins », le moins sera toujours plus facile, plus aisé, mieux venu. Et puis le portrait a ce grand avantage d'échapper à la caducité de la mode quoiqu'il y paraisse subordonné. D'abord parce que son centre d'intérêt véritable reste une physionomie humaine, ensuite parce que la mode des vêtements peut changer sans nous choquer, à moins d'être d'une laideur absurde. Au contraire la mode dans les idées nous fait juger selon notre temps.

Ainsi quand l'aimable société du XVIIIe siècle est balayée par la Révolution, l'art rococo paraît aux yeux des admirateurs de David la pire dépravation du goût. Quelques années plus tard on se moque des héros casqués de David :

« Un Romain peut être nu, c'est vrai », dit en badinant Thomas Couture, « mais il faut qu'il porte un casque sur la tête. Voilà qui montre bien qu'un homme est Romain. »

L'enlèvement des Sabines prête au ridicule en un temps où *l'Apothéose d'Homère* est encore supportable. Aujourd'hui cette composition d'Ingres paraît généralement au public fort ennuyeuse.

Le grand Art de la peinture d'histoire est donc fragile sur ses bases au moins en ce qui regarde sa signification purement intellectuelle, mais, déchue de son rôle et son nom même passant à l'oubli, il subsiste comme proposant au sens plastique des éléments d'abondance et de totalisme que ne peuvent contenir au même degré de simples portraits.

Voilà d'où vient l'apparent dédain avec lequel Ingres parle de ceux-ci, ce qui ne l'empêche pas de les traiter avec un soin et des scrupules infinis. Comme il est question malgré tout d'y mettre beaucoup d'art en même temps que la ressemblance, la mise en page du modèle dans la toile, le choix de la silhouette générale, surtout la trouvaille d'un geste en harmonie avec l'âme et la fonction sociale du personnage, font plus que jamais pour lui l'objet de recherches nombreuses. Lorsque ces principales questions sont résolues, le portrait est pour ainsi dire fait, l'exécution n'en traîne pas. Au contraire lorsque les premières préoccupations du portraitiste n'ont pas reçu de solution élégante, lorsqu'aucun choix original n'est à la base de son imitation, le portrait reste en chantier des mois ou des années.

Ingres dit souvent :

« Jamais l'Art n'est à un si haut degré que lorsqu'il peut être pris pour la Nature même », mais cette phrase ne peut être isolée du reste de la doctrine. On ne saurait sans cela réussir à la bien entendre. Tout en ne voulant pas faire de différenciation entre les beautés de la Nature et celles de l'Art, il écrit :

« L'Art est si loin de dériver de la Nature individuelle ou d'avoir quelque rapport immédiat avec elle, considéré comme son modèle, qu'il y a même des arts qui portent sur des principes diamétralement opposés à la Nature. La principale et la plus importante chose qu'il faut savoir en Peinture, c'est ce que la nature a produit de plus beau et de plus convenable à cet art, pour en faire le choix. »

Ainsi donne-t-il tour à tour des leçons de style et de naturalisme sans vouloir isoler l'un de l'autre.

Une fois au moins il a le plaisir d'être parfaitement compris. Le portrait du duc d'Orléans vient d'être achevé. Il est montré dans l'atelier de l'Institut à quelques visiteurs. Une petite fille regarde la toile curieusement et sans surprise comme elle aurait regardé le prince en personne...

Ingres survient. Elle entend parler de dessin, de couleur, d'illusion complète. L'étonnement, l'embarras, l'incertitude se peignent sur son visage enfantin, tandis que lui arrive l'idée que devant elle il n'y a qu'une image.

« Maman, murmure-t-elle à l'oreille de sa mère, est-ce que c'est de la peinture ce beau soldat ? »

Ingres a entendu. D'un accent sorti de l'âme, il s'écrie : « Bonne petite fille ! » Et plein de reconnaissance, il dépose un baiser sur le front de l'enfant.

Le portrait du duc d'Orléans commencé en novembre 1841 est envoyé au prince dans les premiers jours de mai. Deux mois après, le malheureux duc se brise la colonne vertébrale dans un accident.

Ingres en éprouve une véritable douleur. La reine veut qu'à l'endroit du fatal accident s'élève une chapelle dédiée à Saint-Ferdinand. Ingres, chargé de donner les cartons des vitraux, s'acquitte aussitôt de cette tâche.

Ensuite il commence les grandes décorations de Dampierre.

Si les goûts pacifiques d'Ingres, son sens de la volupté doivent s'épanouir dans la première décoration de *l'Age d'Or*, rien en revanche ne peut faire prévoir que *l'Age de Fer* trouvera en lui son peintre. Il pense représenter une acropole couronnée d'un temple sous la sauvegarde de Minerve impuissante à éviter la guerre.

Puis sans autrement se préoccuper de ce pendant

et de cette antithèse, il multiplie les croquis et les études pour le sujet qui lui tient à cœur :

« J'ai pris hardiment *l'Age d'Or* comme les anciens l'ont imaginé, écrit-il à Gilibert. Les hommes de cette génération n'ont point connu la vieillesse. Ils vivaient longtemps et toujours beaux. Donc point de vieillards. Ils étaient bons, justes et s'aimaient. Ils n'avaient d'autre nourriture que les fruits de la terre et l'eau des fontaines, du lait et du nectar. Ils vécurent ainsi et moururent en s'endormant ; après ils devinrent de bons génies qui avaient soin des hommes... »

Ingres a une cinquantaine de figures à animer et les plus gracieuses visions se précisent de jour en jour à son esprit : une jeune fille serrant dans ses bras un écureuil, une autre se mirant dans l'eau, une autre courant après un papillon, un cheval caressé par des adolescents qui lui font manger des fruits, une jeune femme entrant dans l'eau sous le regard de son amant. Un arbre laissant couler du nectar dans la coupe d'un enfant, deux enfants que l'on fait s'embrasser, un enfant portant un gros fruit. De grosses pêches, des poires, des pommes d'or parsemant la terre...

Il se fait aider pour l'exécution par le paysagiste Desgoffe qui met les dessins au carreau et peint entièrement le fond du paysage.

Commencé au mois d'août 1843, quinze figures sont déjà prêtes à la fin de septembre. Ainsi cette grande composition est entreprise avec tout l'élan désirable. L'automne venu, Ingres abandonne Dampierre pour rentrer à Paris. Il y retourne quatre étés à la suite.

L'hospitalité au château de Dampierre est particulièrement agréable. Non seulement le ménage Ingres possède un appartement donnant sur la cour d'honneur, mais encore de nombreuses chambres sont réservées à leurs amis. Ils peuvent ainsi recevoir leurs intimes, les Desgoffe, les Hittorf, les Gatteaux, les Flandrin, les Balze.

On fait le soir de la musique, on joue au loto et Mme Ingres travaille à sa tapisserie comme dans le salon de la villa Médicis.

Cependant *l'Age d'Or* est toujours la seule peinture dont Ingres s'occupe. Le dessin de *l'Age de Fer* ne reste que très sommairement indiqué. Tous les spectacles cruels répugnent à Ingres. Il les assimile à la laideur. Mme Ingres raconte qu'autrefois à Rome, la vue d'un mendiant, vieux, infirme, aux plaies suintantes, inspirait à son mari un tel dégoût, qu'obligé de passer devant lui, le maître ramenait sur ses yeux les pans de sa redingote.

M. Marcotte aime à raconter une autre anecdote dans un ordre d'idées très voisin. Lors de l'exécution de *l'Apothéose d'Homère* il manquait au peintre une aile pour servir au dessin de la gloire qui couronnait Homère. Marcotte lui envoya, vivants, deux superbes pigeons blancs.

Devant ces innocentes bêtes, M. Ingres ne put retenir son indignation à la pensée qu'il fallait les tuer pour dessiner l'intérieur de leurs ailes. Il préféra les rendre à son vieil ami qui fut assez avisé à quelque temps de là pour renvoyer les ailes sans les pigeons.

Avec des sentiments de la sorte on est évidemment peu préparé à peindre les horreurs de la guerre.

Mais d'où vient que *l'Age d'Or* dont le sujet l'a enchanté ne s'achève point ?

« Continuellement », écrit Ingres à Marcotte, « une figure, un groupe sont devant moi comme des fantômes en disant « fais-moi comme ceci, fais-moi comme ça »... Cela est extrêmement fatigant et lassant et il faut que je possède une terrible santé pour n'en être pas incommodé... Il est vrai de dire aussi que je me suis imposé un tableau bien difficile car il faut qu'il réalise vraiment ce que dit Horace de la peinture liée essentiellement à la poésie ! Et toujours du nu, rien que du nu, sans le secours des belles couleurs de la palette données aux draperies ! »

Il y a dans ces considérations une véritable lassitude qui transparaît.

A vrai dire ses grandes compositions ont toujours énervé, irrité, essoufflé Ingres. Il n'est venu à bout de toutes qu'à force de volonté, sans ménager sa peine ni son temps. Mais l'admirateur passionné de Raphaël n'a jamais été à l'aise devant les grandes surfaces.

La leçon de la Renaissance a été trop lourde. Le temps en a fait perdre bien plus des trois quarts et justement la partie la plus secrète, celle qui a trait à l'armature interne du tableau.

Pour Dampierre, divers événements d'inégale importance viennent achever son découragement.

Le dernier été où il y travaille, en 1847, une amie, Mme Duchatel, lui amène une vingtaine de visiteurs qui, devant les innombrables nudités de *l'Age d'Or* auxquelles le sujet voulait qu'aucune draperie ne fût réservée, croient apercevoir on ne sait quoi de choquant pour la morale. Ils se permettent des sous-entendus et des plaisanteries dont M. Ingres garde un souvenir cuisant. « Les impertinences du troupeau de Dampierre » le dégoûtent dans un moment où il est déjà fatigué.

L'année suivante est celle de la Révolution de 1848. A la suite des troubles de juin, l'esprit du duc de Luynes est ailleurs qu'à *l'Age d'Or*. D'un commun accord avec le gentilhomme, Ingres ne se rend pas au château.

La Révolution qui a été souhaitée par plus d'un artiste le laisse indifférent. Il se défend du rôle qu'on veut lui faire jouer en posant sa candidature à l'Assemblée Constituante, « attendu que moi, écrit-il, simple artiste, quoique tout dévoué à la République, je n'ai nullement l'habitude de parler en public, que je suis très peu versé dans les choses de haute législation, que j'ai l'ouïe fort dure et que, de plus, mes occupations d'art et mes devoirs de professeur ne me laisseraient pas le temps de satisfaire à un témoignage aussi éclatant de la confiance de mes concitoyens. »

Ingres achève cette année-là une de ses plus gracieuses figures féminines, *Vénus sortant de l'onde* au milieu de quatre amours, dont l'un embrasse son pied, l'autre son genou, tandis qu'un troisième présente un miroir à la Beauté qui s'ignore encore et que le quatrième ajuste une flèche dans un petit arc, symbole banal, mais que la plastique du geste rend charmant.

Ensuite il se remet à une toile que la reine Amélie avait commandée et qu'il n'est plus question de lui livrer : *Jésus au milieu des docteurs.*

Il songe à reprendre les travaux de Dampierre dans l'été de 1849. Une grave maladie de Mme Ingres qui commence par une petite plaie au pied et se transforme en décomposition du sang l'en empêche. La mort de cette excellente épouse survient le 27 juillet.

Le vieux peintre fait entendre les cris de la plus sincère douleur. Il écrit à Marcotte :

... Ma femme, ma pauvre femme, je l'ai perdue hier, et je ne puis mourir aussi moi, de ma douleur que rien ne peut exprimer. Vous l'aimiez tant, vous, mon digne ami, tous les vôtres et tous ceux qui l'ont connue. Mais moi, moi, elle est morte et je ne la verrai plus. Cher ami, cher ami, plus ! Mais c'est affreux et je m'en prends à tous, au ciel même, moi que vais-je devenir ? Tout est fini, je n'ai plus elle, plus de foyer, je suis brisé et je ne sais que pleurer de désespoir. Ah ! mon ami, quelle douleur ! Et puis essayons de me donner des consolations héroïques, sainte femme, sublime par sa mort comme par sa vie. Eh ! je le sais bien, je vous perce aussi le cœur, à vous qui l'aimiez si justement, pauvre innocente et pure femme ; mais peut-elle voir, a-t-elle pu voir toute ma douleur et mes cruels regrets ?

Ingres, accablé, est recueilli pendant quelques jours par son ami M. Reiset, conservateur du Louvre, dans sa propriété d'Enghien, puis il se réfugie chez Hippolyte Flandrin, ensuite il passe une quinzaine chez Marcotte dans sa propriété du Poncelet. Il projette de faire un voyage dans les Pays-Bas, y renonce, retourne encore à Enghien. Finalement, ne pouvant se décider à retrouver dans son appartement de l'Institut tant de souvenirs de sa chère disparue, il loue un petit appartement 27 rue Jacob.

Seul, à l'âge de 69 ans, il se trouve plus désemparé qu'un enfant.

Son vieil ami Gatteaux lui rend alors un service inappréciable. Il s'institue son intendant ou, pour le dire comme Ingres, d'une façon plus touchante, son tuteur.

Une procuration générale charge Gatteaux de recevoir les fonds et d'acquitter les dépenses de toutes sortes de son illustre ami.

Ingres, plein de lassitude morale et physique, ne peut plus songer à la décoration de Dampierre.

A toutes les images charmantes qu'il a conçues, il manque encore cette dernière main dont il dit qu'elle est « tout pour l'œuvre ».

Il ne se sent plus le cœur de se retrouver devant cette peinture qu'il a rêvé de rendre pleine de délicatesse et de joie et qui est déjà alourdie par trop d'efforts.

Quant à *l'Age de Fer*, il n'éprouve aucun regret à y renoncer.

Sans doute se rend-il bien compte à quel point

cette détermination est grave. Il a honte d'avertir lui-même le duc de Luynes et charge Gatteaux d'aller expliquer ses raisons.

L'affaire se termine par un acte écrit le 7 mars 1850 signé entre les deux parties.

Ingres abandonne *l'Age d'Or* sans autre indemnité que vingt mille francs qu'il a déjà reçus. Le duc se réserve le droit de « détruire » les peintures « ou de les faire continuer et par qui bon lui semblera ».

Heureusement le duc de Luynes eut le bon goût de ne mettre à exécution, ni l'une, ni l'autre de ces cruelles menaces.

CHAPITRE XVI

La vieillesse de M. Ingres va-t-elle s'achever dans la tristesse, le découragement ?

Il reste au vieil artiste encore toute sa volonté, une santé suffisamment solide, une intelligence toujours aiguë et lucide. A vrai dire il ne lui manque que sa bonne Madeleine.

Ses amis s'en aperçoivent bien. Marcotte y songe sérieusement.

On laisse passer le temps, puis, lorsque M. Ingres a soixante-dix ans on lui parle d'un mariage. Il écrit alors à Marcotte : « Il faudrait, mon cher ami, que l'on vînt à moi les bras ouverts, que *l'on m'épouse* si je puis dire ainsi, plutôt que *je n'épouse, moi.* »

Par leurs amis communs, Mlle Delphine Ramel nièce de Marcotte, se laisse persuader. Le mariage est célébré à Versailles, sans pompe, le 15 avril 1852.

Ingres va vivre encore quinze ans et travailler jusqu'à ses derniers jours. Il accepte en 1853 une commande pour l'Hôtel de Ville de Paris. Il y fait pour un plafond une *Apothéose de Napoléon Ier.*

Ingres le représente monté sur un char d'or, traîné par un quadrige de chevaux. L'Empereur est nu, une chlamyde rejetée sur les épaules. La Renommée le couronne de lauriers. La Victoire le dirige. La France voilée de deuil suit des yeux le héros entrant dans l'Immortalité. On voit encore dans le bas de la composition une Némésis farouche poursuivant le Crime et l'Anarchie. Un aigle veille au-dessus d'un trône semé d'abeilles sur les marches duquel se glisse une flatterie latine à l'adresse de Napoléon III : « In nepote redivivus ».

Lorsque l'œuvre est terminée, elle est d'abord exposée dans l'atelier de Gatteaux et tout Paris vient la voir. Mme Ingres écrit avec fierté à M. Marcotte après la visite de l'Empereur et de l'Impératrice :

... Ils ont beaucoup admiré la composition et l'exécution ; ils ont fait plusieurs questions bienveillantes et l'Empereur a traduit lui-même à l'Impératrice le « In nepote redivivus » dont il a remercié M. Ingres en lui serrant la main...

Maintenant, je te dirai, mon bon oncle, que mon pauvre mari est assez fatigué ; sa gloire lui attire tant de monde et d'obligations qu'il voudrait souvent se cacher dans un coin pour s'y soustraire ; cependant nous nous retirons du monde tant que nous pouvons, mais le monde est quelquefois plus fort que notre volonté ! Pourtant M. Ingres va bien, et s'il peut se reposer un peu de tous les aimables gens qui l'accablent de tant de gracieusetés, il se trouvera parfaitement.

L'année suivante, l'exposition universelle de 1855 est un nouveau et plus ample triomphe pour M. Ingres. On y voit les œuvres du maître à toutes les dates de sa carrière, échelonnées sur plus d'un demi-siècle, depuis le portrait de son père peint en 1804, jusqu'à une nouvelle *Vierge à l'Hostie* qu'il vient d'achever. *Le Vœu de Louis XIII* est sorti pour cette occasion de la cathédrale de Montauban et le *Martyre de Saint-Symphorien* de celle d'Autun.

Au lendemain de l'ouverture, Ingres quitte Paris pour villégiaturer à Meung-sur-Loire et il écrit à Gatteaux : « J'ai laissé à leur destinée à peu près soixante-huit enfants que Dieu protège ! »

Cette exposition ne va pas passer pourtant sans lui procurer une de ses plus grosses colères.

Il attend la plus haute récompense, la grande médaille d'honneur. Or, à la suite d'intrigues communes en ce genre d'affaires, le jury pour contenter plus de monde, décide d'attribuer, au lieu d'une seule, dix médailles d'honneur. On vote. Horace Vernet se classe premier. Ingres suit avec Henriquel Dupont, Delacroix, Decamps, Heim, Meissonnier, Cornélius, Leys, Landseer.

En apprenant ce résultat, M. Ingres dit qu'il n'assistera pas à la cérémonie solennelle de la distribution des récompenses. Pour calmer la blessure d'amour-propre du vieil artiste, le prince Napoléon lui fait annoncer qu'il le nomme grand officier de la Légion d'honneur, distinction qui ne sera donnée qu'à lui à l'occasion de l'exposition.

Dès lors, M. Ingres est obligé de venir et le Prince

qui est son fougueux admirateur se propose de faire mieux encore. Le jour de la distribution, devant l'Empereur, il prononce un discours aussi sincère que peu diplomatique :

« Dans les Beaux-Arts, dit-il, le rôle du jury a été plus difficile et plus délicat encore. Je me suis abstenu d'y paraître et n'ai fait que sanctionner ses choix. J'ai seulement témoigné le désir qu'il me fût permis de proposer à Votre Majesté une haute distinction pour celui de nos artistes qui suivant la glorieuse tradition des beaux siècles de l'Antiquité, a consacré toute sa vie et son talent au genre que, dans mon opinion personnelle, je regarde comme le type éternel du Beau. »

Cette fois le vieil Ingres est content. C'est au tour d'Horace Vernet de prendre le mors aux dents. Il fait parvenir au Prince le billet suivant :

Monseigneur,

L'infirmation tacite du vote du jury international des Beaux-Arts, contenue dans le discours que Votre Altesse Impériale a adressé à S. M. l'Empereur, lors de la clôture de l'exposition universelle, m'a fait comprendre que mes œuvres ne remplissaient pas les premières conditions que, dans son opinion personnelle, elle regarde comme le type éternel du Beau ; j'ai dû penser alors que l'exécution de la *Bataille de l'Alma* ne pouvait satisfaire Son Altesse Impériale, et considérer comme m'étant rendue la liberté de donner à ce tableau une autre destination. Récemment, une demande officieuse me faisant supposer que Votre Altesse Impériale se croyait engagée vis-à-vis de moi, je viens la prier, quoique avec regret, d'annuler la promesse que je lui avais faite.

J'ai l'honneur...

VERNET.

Le prince Napoléon ne regrette nullement ses paroles. Il est payé par les bravos des Ingristes et aussi, disent ceux-là, par « sa bonne conscience ».

L'année 1856 est celle où l'on procède à l'Institut à la nomination de Delacroix qui fait antichambre depuis longtemps. Non seulement Ingres n'a rien à reprocher à l'homme, mais encore il admire l'artiste. Burty prétend même qu'il a dit un jour : « Cet homme a du génie, mais n'en parlez pas. » Comme on s'empresse de rapporter cette parole à Delacroix, ce dernier répond en souriant : « Ingres a du talent, mais n'en dites rien. »

Il est certain en tout cas qu'on trouve dans le journal de Delacroix, selon les jours, des appréciations flatteuses sur son illustre rival et des critiques sévères. Deux esthétiques aussi divergentes que les leurs ne permettent pas une impartialité absolue. On connaît les mots cinglants par lesquels ces deux grands hommes tentent de s'assommer. L'un déclare : « Ingres met sa couleur sur son dessin comme de la Non-pareille sur un gâteau bien cuit. » Et l'autre : « Delacroix peint avec un balai ivre. »

En des termes plus mesurés, Ingres s'explique avec son collègue de l'Institut, Robert Fleury :

En vous remerciant de votre bienveillante lettre, certes j'ai regretté de vous voir soutenir, dans la personne d'un artiste dont, au reste, je reconnais le talent, le caractère honorable et l'esprit distingué, des doctrines et des tendances que je crois dangereuses et que je dois repousser. Mais croyez bien, Monsieur, qu'il ne saurait rester en mon âme aucune amertume d'un dissentiment qui s'explique par notre passion respective et qui, peut-être, nous honore l'un comme l'autre.

En 1859, Ingres signe un de ses tableaux les plus fameux : *le Bain Turc*. Nulle part dans son œuvre l'érotisme ne s'est mieux avoué. De tout temps, la pensée du harem, de femmes inactives et dévêtues, somnolant dans des palais remplis de fontaines aux murmures monotones, l'a enchanté. Très réservé, très formaliste, très bourgeois, on peut être sûr que M. Ingres n'a jamais eu une vie déréglée. On ne l'a jamais entendu manifester par des mots légers une humeur égrillarde. Mais il se berce de visions charnelles avec complaisance, lorsqu'il s'y sent engagé par l'amour de l'Art.

Il se trouve bien le droit aussi de s'écrier devant une jolie fille posant chez lui : « Qu'elle est belle ! Qu'elle est belle ! Regardez-la... Voyez ces hanches... ces seins... ces cuisses... Elle est divine ! » Et pour mieux prouver la pureté de ses sentiments, M. Ingres court chercher sa femme, la fait entrer dans l'atelier afin qu'elle partage si possible, son émoi.

Il est devant les femmes qui posent d'une politesse exquise, d'autant plus exquise qu'elles sont plus belles... Il se courbe en deux devant un modèle de seize ans, la reconduit à sa porte en la remerciant d'être jolie. Il appuie ses lèvres sur la petite main qu'elle lui tend. Finalement, la porte fermée, il tire son mouchoir, se mouche, essuie des larmes...

De tous ces transports que la vieillesse est loin de ralentir, la subtile essence passe dans le *Bain Turc*. Les corps s'y enchevêtrent, s'y entassent, s'y étirent, s'y détendent avec une rare volupté, un mol énervement.

Il n'est pas jusqu'à la forme elle-même du tableau étrangement inscrit dans un cercle qui, rappelant le champ qu'embrasse une jumelle, ne donne au spectateur l'impression indiscrète d'approcher un spectacle secret.

Ingres a d'ailleurs noté dans le cahier IX une réflexion de lady Montague : « Il n'y va pas moins de la mort pour tout homme qu'on trouverait dans un de ces bains de femme. » L'Art lui permet à lui, de soulever le voile...

Le tableau est acquis par le Prince Napoléon, mais la pudeur de la princesse Clotilde s'en offusque si fort que le Prince prend l'engagement de le rendre à M. Ingres, lequel en est bien confus.

« Est-il réellement, lui, M. Ingres, un homme licencieux ? »

Il pose la question en toute confiance n'attendant la réponse que de ses meilleurs amis ou de ses plus chers élèves. Tous se récrient, ils s'indignent que la princesse Clotilde ait eu tant de malice...

Alors, fort de l'approbation de ses bons amis, M. Ingres se complaît encore mieux, la conscience bien tranquille, dans ce bain turc dont il est le vrai pacha. N'a-t-il pas pris soin d'ailleurs d'y faire figurer sa première femme, l'exquise Madeleine, dans une pose fort abandonnée ? Les meilleurs mouvements du cœur et du souvenir ont animé ce vibrant tableau. En vérité si cette œuvre est chaude, lourde de sensualisme, il émane aussi d'elle un délicieux sentiment de reconnaissance morale pour les femmes. « Les femmes sont très supérieures aux hommes, je le sais. » C'est là une des idées les plus inébranlables de M. Ingres.

Au mois de mai 1862, Napoléon III fait donner à M. Ingres un siège à la Chambre des Pairs. Les Montalbanais lui envoient à cette occasion une couronne d'or. Une lettre rédigée sans doute par Gatteaux, signée par deux cent cinquante artistes, vient encore ajouter à son bonheur :

Grand maître,

Dès vos premiers pas dans l'Art, votre génie avait compris dans toute leur étendue et s'était approprié les Lois du Bon, du Beau et du Vrai ; votre conscience avait pris vis-à-vis d'elle-même l'engagement sacré de les observer en tout, partout et toujours. Vous avez tenu parole avec une noble et inébranlable constance. Dès longtemps, de près ou de loin, vos élèves, ceux qui ont entendu vos éloquentes leçons, ceux qui ne les ont reçues que de vos œuvres, vos admirateurs, vos amis, vos collègues vous avaient placé par leurs suffrages au rang qui vous appartient. Une sanction souveraine a confirmé leur témoignage : Ingres, peintre d'histoire, a été nommé sénateur.

Un tel fait, qui marque d'une manière si honorable

la carrière d'un grand artiste, appartient aussi à l'histoire des arts.

Pour l'artiste et pour l'histoire, nous avons voulu en perpétuer le souvenir par une médaille dont nous vous prions, Grand Maître, d'agréer l'hommage avec l'expression de nos sentiments de respect, d'admiration et d'affectueux dévouement.

Peu de temps après cette avalanche d'honneurs, il arrive que M. Ingres doit entrer dans une longue série de luttes. La première occasion en est donnée par la restauration qu'on a fait subir au Musée du Louvre au *Saint-Michel* de Raphaël.

Le tableau sorti des mains du restaurateur n'est plus tel que M. Ingres l'a connu depuis sa jeunesse. Lorsqu'il s'est bien assuré en se pinçant les bras qu'il ne rêve pas, qu'on a osé corriger Raphaël, M. Ingres, les yeux écarquillés, pousse des cris à peine articulés : « Assassins !... Oui, oui, j'irai !... On verra ! Ah ! ah ! on verra !... oui j'y vais... J'aurai raison de l'assassin... Justice ! justice !... »

Se précipitant hors du Louvre, il court malgré son âge et son ventre, son chapeau d'une main, sa canne de l'autre, il traverse tout essoufflé le pont des Saints-Pères, monte à la même allure la rue Bonaparte et devant la boutique du marchand de tableaux Haro, il s'arrête :

— Haro !... Mon ami.

Il suffoque.

— Monsieur Ingres ?

— Haro !... On égorge, on assassine Raphaël ! Mais ils verront... Ils vont voir ! ils vont voir !...

L'intrépide vieillard s'élance de nouveau dans la rue.

— Votre chapeau ! votre canne !... où allez-vous, Monsieur Ingres ?

— Je vais demander justice à l'Empereur.

— Attendez-moi, s'écrie Haro, le croyant en proie à un accès de fièvre, je vais vous accompagner chez vous.

— Envoyez chercher un fiacre.

— Pour nous rendre à deux pas !... Comme vous voudrez...

Le fiacre est là au ras du trottoir.

Ingres saute dedans, tête baissée, puis referme la portière au nez du marchand stupéfait.

— Mais, cher maître !...

— Cocher, à Saint-Cloud... chez l'Empereur !

— Cher maître !...

— Au revoir, Haro. Je vais obtenir justice de l'Empereur.

Le cocher hésite, demande du regard au marchand le secret de cette énigme.

— Faites... C'est M. Ingres !

Rassuré sur le paiement de sa course, le cocher fouette son cheval.

— En route !

La trombe dont Paris vient d'être sauvé, après s'être exaspérée, gonflée tout le long du chemin, s'être enragée de la lenteur de la maigre rosse qui la porte à Saint-Cloud, la trombe peut enfin s'abattre devant le château impérial.

— L'Empereur ?...

— Mais, Monsieur...

— L'Empereur, vous dis-je... Je suis M. Ingres.

— Je ne le nie pas...

— Alors, laissez-moi passer !

— Il y a conseil des ministres.

— Peu importe.

L'huissier répète, effaré :

— Conseil des ministres, Monsieur !

— Eh bien ! priez l'Empereur de venir me parler un instant. Répétez-lui de ma part qu'il s'agit de vie ou de mort ! Qu'on est en train d'égorger Raphaël !... que je viens !... que je viens au nom de tout l'Institut !... et avant tout, en mon nom ! entendez-vous ? En mon nom !... M. Ingres !... Il ne peut pas laisser assassiner Raphaël ! Que dirait la postérité ?

L'Empereur quitte quelques minutes ses ministres et vient dans la pièce d'attente où se promène fiévreusement le vengeur de Raphaël.

— Sire, votre de Nieuwerkerke en fait de belles ! L'avenir saura juger sévèrement cet assassin !... Oui Sire, assassin ! assassin ! il faut le crier bien haut !... Mais il n'y a pas une à seconde perdre ! Sire, vous allez me signer une défense... une défense absolue !... à ce malfaiteur public d'égorger Raphaël !... Il y va de l'honneur de Votre Majesté et de la Gloire de sa couronne.

L'Empereur signe la défense. Ingres la rapporte victorieusement à Paris.

La Conservation du Louvre se défend aussitôt avec adresse et prétend que le tableau de Raphaël a été restauré, soit à la fin du XVIIe siècle, soit au commencement du XVIIIe siècle par Coypel qui avait eu, lui, la présomption d'améliorer Raphaël en le modifiant. M. de Nieuwerkerke déclare n'avoir voulu autre chose que remettre le *Saint-Michel* dans son état primitif. Ingres ne se tient pas pour battu. On lui dit qu'Henri Rochefort proteste également dans le *Charivari* contre cette inquiétante restauration et qu'il vient de recevoir une assignation en police correctionnelle pour outrage à un fonctionnaire dans l'exercice de ses fonctions.

« J'ai appris, lui dit M. Ingres, que vous étiez poursuivi pour avoir dit leur fait à ces vandales. Je le leur avais dit avant vous, mais moi ils n'ont pas osé me poursuivre. Si vous avez besoin de mon témoignage, faites-moi comparaître et nous verrons bien si, après m'avoir entendu, les juges auront l'infamie de vous condamner. »

Et lorsqu'on voit que le fougueux M. Ingres ne lâche pas prise on juge meilleur de ne pas continuer la procédure contre Rochefort. Après tout, la défense de la Conservation n'est pas aussi claire que le jour...

CHAPITRE XVII

L'incident de la restauration du *Saint-Michel* n'est que le prélude d'une lutte ardente entre M. de Nieuwerkerke d'une part, M. Ingres et l'Institut de l'autre.

Il faut reconnaître que depuis le retour de Rome la cause d'Ingres se sépare moins qu'auparavant de celle de l'Institut. Son autorité dans la compagnie est plus reconnue. Surtout à partir du second Empire son influence s'accroît avec le renouvellement du goût pour l'Antiquité. L'on voit naître sous le nom de néo-grec un style dont le tableau de *Stratonice* a dès 1841 donné en quelque sorte le patron. Les inventions assez faibles du genre sont apparentées au style d'Ingres. Il y a aussi, comme l'a remarqué M. Dimier, une part de complicité politique qui fait triompher cette esthétique. « On identifiait le néo-grec à l'Empire. Le nom de Romantique réservé aux seuls disciples de Delacroix sonnait dans la conversation à peu près comme Orléaniste. »

Cela n'empêche pas que sous le second Empire

est attaqué et diminué l'Institut dont Ingres a voulu confondre l'autorité branlante avec la sienne propre. La bataille commence à propos d'une question où, suivi de ses collègues y compris Delacroix, il prend l'offensive contre la direction des Beaux-Arts et la conservation du Louvre.

Il s'agit des magnifiques collections rassemblées à Rome par le marquis Campana qui comprennent des tableaux, et beaucoup d'antiques, des terres cuites, des faïences, des vases peints, des majoliques. Le Gouvernement de Napoléon III envoie trois négociateurs à Rome qui en concluent l'achat moyennant quatre millions huit cent mille francs. Sous le nom de Musée Napoléon III les collections sont exposées à Paris en 1862 au Palais de l'Industrie. Ceux qui les ont ramenées de Rome sont nommés administrateurs de l'exposition. Il a été entendu que les collections doivent ensuite aller au Louvre et qu'auparavant elles seront allégées des pièces doubles ou secondaires réservées aux musées de province. Or dans le moment où doit s'opérer ce triage et ce démembrement, les administrateurs provisoires jettent les hauts cris. Ils prétendent que le Musée Napoléon III doit rester intact et qu'il lui faut un bâtiment spécial.

Les conservateurs du Louvre se hâtent de répondre que le tapage des administrateurs provisoires cache mal le simple désir de se voir maintenir dans leurs fonctions.

L'affaire est soudainement envenimée par l'intervention brusque et brutale d'Ingres. Son élève

Sébastien Cornu est un des administrateurs provisoires. Le maître étant en villégiature à Meung, il lui écrit habilement que l'intérêt de l'Art est en jeu. Il explique que le Musée Napoléon III peut avoir une influence heureuse sur le renouveau des arts décoratifs à condition d'en faire un musée-école. Cornu rêve d'instituer des leçons sur les moyens et procédés antiques et pour mieux parvenir à son but il n'hésite pas à réclamer le parrainage de l'Institut.

Cette flatterie donne exactement le résultat qu'il en attend. A l'idée de voir s'étendre ses prérogatives, l'Institut, à la suite d'Ingres, lui donne raison.

L'Empereur, mis au courant de ces difficultés tout à fait imprévues, ne modifie pas les décisions prises pour amener au Louvre les collections Campana, mais afin de ménager les susceptibilités des artistes, il demande à l'Académie des Beaux-Arts et à celle des Inscriptions de revoir le choix fait dans les collections par une commission composée des conservateurs du Louvre et présidée par M. de Nieuwerkerke.

Cette solution mécontente ces derniers, ils estiment qu'ils sont seuls juges pour savoir ce qu'il faut prendre ou laisser. Par contre l'Institut n'est pas calmé. La lutte se maintiendrait pourtant dans une forme courtoise si des amis d'Ingres ne livraient à la presse une lettre qu'il a écrite à l'Académie et dont les termes sont peu calculés :

On assure que l'on veut séparer, démembrer, détruire enfin ce Musée et, peut-on le croire, l'administration des musées impériaux elle-même méconnaît, conteste sa valeur ! Mais l'Empereur avec la haute sagesse qui le distingue veut que des hommes éclairés par leurs longues études dans l'Art soient appelés à donner leur avis dans cette grave question et l'Académie saura répondre à la confiance de S. M.

Nous savons par expérience, Messieurs, comment les œuvres d'art les plus précieuses sont traitées au Louvre et, malgré les lumières qui les entourent, les maladresses désatreuses dont elles sont l'objet !

Cela suffit pour apprécier les soins éclairés et l'amour de ceux auxquels elles sont confiées et je ne veux pas rappeler ici nos regrets et notre étonnement !

Dès que cette publication est faite, la tête de M. de Nieuwerkerke s'échauffe. Il envoie à M. Ingres une lettre d'une politesse insolente alléguant que le grand âge du peintre et l'éducation que lui-même a reçue ne lui permettent pas de répondre sur le même ton. Puis voulant faire l'opinion juge du différend, il charge son ami le critique d'art Ernest Chesneau d'écrire une brochure sur cette affaire.

Chesneau démontre que l'amour-propre des administrateurs provisoires a fait naître toutes les difficultés. Il combat l'idée du musée-école discernant du même coup la part de la mode dans le style néo-grec :

Il faut juger le passé et l'oublier.

Et c'est la fatalité des doctrines courantes que de nous tenir agenouillés, immobilisés devant le passé.

Dans toutes mes études sur l'Art, j'ai toujours plaidé

la cause du présent, demandé l'affranchissement des jougs, l'affranchissement d'une tradition mal comprise, dénaturée, lorsque dans son essence elle est si belle, pleine d'enseignements si fins.

Passant encore plus nettement de la défensive à la contre-offensive, il écrit :

S'il y a quelque chose à fonder, à réformer, c'est l'enseignement officiel de l'Art lui-même. C'est l'École des Beaux-Arts qui prétend gouverner l'enseignement et qui n'enseigne rien. Là est la plaie à panser, là est le mal, et il a fait déjà de terribles ravages... l'École des Beaux-Arts s'est si bien condamnée elle-même, que tout effort sérieux (excellent ou détestable, je ne juge pas ici) est parti à côté d'elle, loin d'elle, jamais d'elle-même.

C'est à l'Académie des Beaux-Arts qu'il faut en appeler, c'est à cet illustre corps qu'il faut demander un sacrifice, cruel pour le moment, profitable pour l'avenir. C'est à lui de s'amputer et de ne plus détenir l'enseignement. Il est, il doit être un juge, il ne doit pas professer. Est-ce que l'Académie française se confond avec l'Université, l'Académie des Sciences avec l'École Polytechnique, et même dans l'Académie des Beaux-Arts enseigne-t-on la musique ? Pourquoi ce funeste privilège établi contre la liberté dans les arts du dessin ?

Ainsi le débat s'élargit beaucoup et les intérêts particuliers de M. Sébastien Cornu commencent à être perdus dans un autre conflit.

L'Institut, depuis plus d'un demi-siècle, a accumulé contre lui bien des griefs par l'entrave qu'il a voulu mettre aux destinées de l'art français. Ses deux armes ont été les jurys des Salons et l'École des Beaux-Arts.

Les jurys ont été constitués avec un caractère régulier seulement sous le règne de Louis-Philippe. Auparavant le directeur des Musées assisté de quelques peintres et amateurs de ses amis en faisait l'office, se bornant à écarter quelques ouvrages jugés insuffisants. En 1831, lorsque Louis-Philippe confie la réception des œuvres à l'Académie des Beaux-Arts, celle-ci se montre infiniment plus sévère et ses rigueurs paraissent absurdes. Si bien qu'en 1848 le nouveau gouvernement républicain opère la suppression des jurys, mais la décision n'est pas maintenue pour le Salon de l'année suivante. Des peintres élus par leurs confrères et de simples amateurs désignés par le ministre forment les jurys jusqu'en 1855. A cette date, en vue de l'exposition universelle, on estime qu'on ne peut plus se passer des lumières de l'Institut. La compagnie fait donc partie des jurys et dans les années suivantes son ancienne autorité lui est complètement rendue.

L'expérience passée l'invitant à la modération, l'Institut renonce à refuser, comme il l'a fait sous la monarchie de Juillet, des artistes dont la notoriété était bien établie. Il se rattrape sur les inconnus qui s'appellent Ribot, Bracquemont, Fantin-Latour, Legros, Manet, Whistler.

La plupart de ces nouveaux venus se réclament de l'influence que Gustave Courbet exerce déjà depuis plusieurs années. Ce qui les rassemble davan-

PHOTO GIRAUDON

LE BAIN TURC (DÉTAIL)

(MUSÉE DU LOUVRE)

tage encore est la persécution dont ils forment l'objet et le désir de se pousser.

La critique reprend alors contre l'Institut les doléances qu'elle a fait entendre sous le règne de Louis-Philippe. En cette affaire, M. Ingres a su depuis longtemps dégager sa responsabilité. Le Salon libre de 1848 a reçu son approbation et lorsqu'il a été question de rétablir un jury l'année suivante il a déclaré : « On doit suivre la même marche que l'an dernier et ouvrir à chacun les portes de l'exposition. L'Humanité, l'Art lui-même sont intéressés à cette solution, la plus libérale de toutes. La société n'a pas le droit de condamner à mourir de faim un artiste et sa famille parce que les productions de cet artiste ne seront pas du goût de telle ou telle personne. L'exclusion ne pourrait s'appliquer qu'aux productions immorales, scandaleuses ou d'un ridicule incontestable. Un jury, quel que soit le mode adopté pour sa formation, fonctionnera toujours mal. Les exigences du moment veulent l'admission illimitée...

« Qu'est-ce que votre Salon actuel ? Un bazar. Vous devez l'ouvrir à chacun. Il faut savoir s'accommoder de la liberté dans toute son étendue, quels que soient ses inconvénients. »

Ce qui fait lever la graine de ces idées, quatorze ans après que M. Ingres les a exprimées, est l'appui qu'elles trouvent auprès de Napoléon III sous l'influence de l'Impératrice et de M. de Nieuwerkerke, qui pour une fois se trouve d'accord avec M. Ingres, mais dans le dessein secret de le rabaisser. Le *Salon des Refusés* organisé officiellement à côté du Salon officiel est une preuve éclatante du peu de crédit que le gouvernement accorde à l'Académie des Beaux-Arts. Et la même année voit définitivement consacré l'abaissement de la compagnie.

Il s'agit cette fois de l'École dont M. Ingres lui aussi a beaucoup médit, Amaury Duval nous en donne ce témoignage : « N'allez pas à l'École car je vous le dis, je le sais, c'est un endroit de perdition. Quand on ne peut faire autrement, il faut bien en passer par là, mais on ne devrait y aller qu'en se bouchant les oreilles (et il en faisait le geste) et sans regarder à gauche, ni à droite.

« Là-dessus il me déroula toutes les inepties de cette éducation confiée à quatre ou cinq peintres, qui chaque mois venaient dire aux élèves exactement le contraire de ce qu'avait dit le professeur qui les avait précédés. Et puis le chic... la manière... tout, excepté la naïveté et la beauté... De l'adresse, pas autre chose... Il s'animait en parlant et fut d'une violence extrême. »

Depuis l'époque où cette scène s'est produite, un fait nouveau a pu rendre M. Ingres moins acerbe : il est devenu professeur à l'École. Cela ne retire pourtant pas tout le bien fondé de sa critique.

Jusqu'en 1863 l'École des Beaux-Arts fonctionne avec une familiale simplicité selon les modalités prévues par une ordonnance royale du 4 août 1819. Les professeurs au nombre de douze forment une petite organisation très autonome.

Désignant eux-mêmes un remplaçant lorsque se produit une vacance, leur choix est soumis à l'approbation du ministre qui ne les contrarie jamais.

Ils logent à l'École et leur administration se passe du concours de l'État dont ils n'attendent que leurs traitements.

Tous les ans, au commencement de Décembre, les professeurs élisent entre eux un vice-président pour l'année nouvelle, le vice-président de l'année écoulée passant à la présidence.

Lorsque les professeurs deviennent âgés, ils prennent le titre de professeurs recteurs, ensuite de professeurs émérites et parvenus à cette fonction ils ne sont plus tenus de s'occuper des élèves, lesquels viennent surtout à l'École pour participer à des concours et préparer le Prix de Rome. Leur apprentissage proprement dit, ils le font chez des maîtres qu'ils choisissent eux-mêmes, complètement en dehors de l'École.

Dans les attaques dont elle est l'objet sous le second Empire, c'est d'ailleurs moins les détails de cette organisation qu'on blâme que l'esthétique défendue par l'École, au moment où l'enseignement d'Ingres vient cependant la relever.

M. de Nieuwerkerke, dans le plus grand secret, a préparé un décret qui est signé par Napoléon III, le 13 novembre 1863.

La vengeance de M. de Nieuwerkerke est belle. On ne peut faire plus de dérangements dans les habitudes des membres de l'Institut, ni leur infliger plus d'affronts.

Les titres et attributions des professeurs recteurs et émérites sont supprimés, toutefois on leur conserve par pitié leur traitement, mais on leur retire leur logement, ce qui est exactement les mettre à la porte. L'administration de l'École qu'ils ont jusqu'alors assumée passe aux mains d'un directeur nommé par le ministre pour cinq ans et tous les professeurs seront dorénavant nommés par le ministre « ainsi que les employés du service », ajoute le décret qui semble se complaire à briser l'amour-propre des vieux membres de l'Institut.

A la place des anciens cours où l'on ne faisait que du dessin et où les professeurs corrigeaient à tour de rôle chaque mois, selon un système évidemment stupide, fonctionneront des ateliers de peinture, de sculpture, d'architecture et de gravure. Les élèves n'auront plus le droit de choisir en dehors de l'École les maîtres qui leur plaisent. Les concours sont supprimés, sauf celui de Rome, mais les pensionnaires de la villa Médicis n'y resteront plus que quatre ans au lieu de six. Il n'appartiendra plus aux professeurs ni d'établir le programme des épreuves, ni de juger les concurrents. Ce soin incombera à un jury établi par un conseil supérieur d'enseignement des Beaux-Arts dont les membres seront nommés par le ministre et il est spécifié qu'aucun d'entre eux ne sera chef d'atelier à l'École.

Le bruit causé par ce décret est énorme. Les élèves sont très mécontents. Sur quatre cent quatre-vingt-onze, on en compte juste six pour se déclarer satisfaits de toutes ces nouveautés. Les quatre cent quatre-vingt-cinq autres adressent au ministre et à l'Empereur des pétitions, des lettres, des demandes d'audience. L'affaire n'intéresse pas uniquement les artistes. La presse s'en empare pour polémiquer sans fin dans un sens ou dans l'autre.

Viollet-le-Duc, ami personnel de M. de Nieuwerkerke, est nommé professeur d'histoire de l'art à l'École. Son cours est sifflé. L'Académie des Beaux-Arts prépare une brochure de protestation et M. Ingres n'attend pas pour publier aussi sous forme de brochure une réponse personnelle.

Lorsqu'on a en mains toutes les pièces de ce procès, il semble évident que malgré l'organisation défectueuse de l'École, M. de Nieuwerkerke l'emporte par la sottise et la prétention :

Le champ de l'esthétique est immense, écrit-il, dans le rapport précédant le décret... Tout homme qui a fait une étude sérieuse des Beaux-Arts a quelques idées qui lui sont propres et qu'il serait utile de répandre. Nous voudrions notamment que l'administration fît appel à tous les hommes de bonne volonté qui consentiraient à faire gratuitement de telles communications. Dans la plupart des cas quelques conférences suffiraient pour exposer les notions ou les théories nouvelles...

Pour mieux expliquer ma pensée, citons au hasard quelques exemples des leçons qui à notre sentiment pourraient être faites avec utilité. Un érudit s'est occupé de recherches sur les costumes des Anciens : qu'il en fasse part aux amateurs de la vérité historique. Un chimiste a trouvé des couleurs nouvelles ou bien un amateur a découvert quelques procédés des maîtres anciens, qu'ils en démontrent publiquement les avantages. Un médecin a étudié les mouvements des muscles produits par les différentes passions, il aura plus d'une leçon intéressante à faire. Un critique enfin s'est fait une théorie du Beau, qu'il l'explique. Nous verrions très peu d'inconvénients à ce que dans la même enceinte on développât des systèmes très différents, que par exemple on prêchât tour à tour l'imitation servile de la nature et la recherche d'un type idéal...

Quel étrange document ! M. Ingres a-t-il tort de promener dans tout Paris un dessin représentant M. de Nieuwerkerke avec des oreilles d'âne ? A-t-on jamais poussé plus loin cet éclectisme pernicieux qu'il déteste ? A-t-on jamais ramené de façon plus nette les grands problèmes qui furent ceux de Giotto, Albert Durer, Léonard de Vinci et Raphaël au niveau du premier venu ? A-t-on jamais plus clairement fait descendre l'Art des hauteurs qu'il occupait près de la Science dans les parages des jeux de Société ?

Quel triomphe éclatant de l'amateurisme ! Quel programme pour abêtir définitivement ce falot Académisme qui depuis trois siècles au moins se traîne en France à côté d'un art vivant !

M. Ingres, oubliant sa rancune contre l'Académisme, ne peut pas laisser passer tout ce bavardage dont le plus étrange est qu'il soit rendu officiel par la faiblesse de l'Empereur.

Prenant le long rapport de M. de Nieuwerkerke,

mot à mot, M. Ingres donne une réponse précise, dont la vigueur d'expression n'est pas exclue on s'en doute, mais qui reste extraordinairement sereine.

C'est ainsi que M. de Nieuwerkerke ayant dans sont rapport vanté Rubens, dont il accuse l'École de ne pas avoir les mérites, M. Ingres répond :

Il est vrai que des qualités exceptionnelles ont assuré à Rubens une célébrité justement méritée. C'est un grand peintre, un grand génie, un grand dessinateur de mouvements, puissant par ses grandes compositions, sa grande facilité d'exécution et par son irrésistible don de la couleur, qu'on semble ne vouloir accorder qu'à ce maître, comme si les écoles vénitienne, romaine et florentine n'avaient pas été admirables dans cette belle partie de la peinture !

Mais revenons à Rubens. Je dirai que si ses premiers maîtres s'étaient effectivement attachés à châtier l'incorrection de son dessin et la vulgarité de ses types, ils seraient sans doute parvenus à rendre ce grand artiste plus complet par la forme sans détruire ses qualités éminentes.

Les partisans de M. de Nieuwerkerke, un peu désemparés par la hauteur de vues de M. Ingres, se hâtent pourtant de réfuter la réponse, en répondant d'ailleurs absolument à côté. Durant des mois on ne cesse de noircir du papier. Puis la querelle est éteinte par le temps.

La nouvelle organisation se met à fonctionner. On ne trouve aucun artiste important pour accepter d'en faire partie. Cabanel, Pils et Gérôme prennent en mains les nouveaux ateliers de peinture. Ains on est sûr de voir descendre de plusieurs degrés un enseignement qui, ayant l'Art pour objet, ne peut pas se séparer du goût. Alors entre véritablement en consomption la puissance académique. La troisième République lui redonnera quelque lustre. Après 1870 Gérôme aura l'air d'être quelqu'un. L'École des Beaux-Arts se maintiendra sur ce pilotis : « Le dessin est la probité de l'Art. »

Pour beaucoup de gens la doctrine de M. Ingres se trouve réduite à cette phrase célèbre.

Il est curieux de remarquer qu'elle ne se rencontre ni dans ses lettres, ni dans ses cahiers, ni même dans les témoignages directs de ses élèves. Qu'elle soit ou non authentique, M. Ingres s'indignerait fort de voir couvrir par cette parole des productions débiles.

S'il fallait chercher le centre de sa subtile pensée on le trouverait plutôt dans une petite phrase du cahier IX d'une allure quelque peu platonicienne. Elle répond à une interrogation intérieure bien curieuse et paraît aujourd'hui une observation anticipée sur les aventures que l'Art français est appelé à courir. Il semble que M. Ingres a la prescience que l'Art va dévier de l'imitation et il se résume véritablement :

Une nature à part ne peut exister.

CHAPITRE XVIII

Ingres sort vaincu des événements de 1863. L'esprit moderne l'emporte sur le culte des Anciens : tel est le sens profond de la lutte qui s'est jouée à propos de l'École des Beaux-Arts.

Le vieux maître qui a enclos toute sa pensée classique dans l'*Apothéose d'Homère* en 1827 a bien des fois depuis lors repensé à ce plafond auquel il attribue dans son œuvre une valeur spirituelle unique.

Il a souvent dit à ses élèves : « Un peintre peut faire de l'or avec quatre sous », ou encore : « Faites une simple académie d'homme et vous serez déjà un peintre. » Mais l'*Apothéose* et le sens qu'elle exprime dépassent de beaucoup l'étroitesse de vue dans lequel il se cantonne parfois. En y réfléchissant sans cesse, il se prend à craindre de n'avoir pas su rendre assez ample sa composition, et il entreprend selon le même thème un dessin qui bénéficie de vingt-cinq années de réflexion. Il allonge son palmarès en ajoutant quarante-quatre figures nouvelles. Par contre, quelques-uns des anciens Homérides, tels Shakespeare et Le Tasse, ne sont plus admis à la porte du Temple.

Pour cette page où la doctrine joue le premier rôle, l'agrément de la couleur lui paraît superflu. La matière presque absente du crayon doit donner à cette fragile feuille toute la spiritualité désirable.

Avec l'âge, l'entêtement d'Ingres devient plus grand et sa position lui indique, croit-il, de corriger ses compatriotes. Il entreprend d'écrire un mémoire et de l'adresser au Sénat pour signaler les attentats commis contre le goût et implorer qu'on les empêche. La mort doit le surprendre avant qu'il ait mis son projet à exécution.

L'écrivain qui après la mort d'Ingres reçut ses papiers, le vicomte Henri Delaborde, a pu pourtant faire la publication de ce véritable testament spirituel où le vieux maître plein de griefs contre son époque envisageait à la fois l'attitude du public devant l'Art et les rapports de l'État et des artistes.

Il débute ainsi :

L'éducation du public est à refaire quant aux idées qu'il doit avoir sur les beautés de l'Art. Il faut la reprendre en sous-œuvre, ce qui n'est pas aisé, je l'avoue, tant le goût est faussé et l'ignorance habituelle ; mais l'éducation de la jeunesse sera plus facile. Celle-ci se prêtera mieux, par cela même qu'elle n'a pas eu le temps de se laisser tout à fait égarer, à entrer dans la grande voie qu'ont tracée les Grecs, Raphaël et les maîtres, dans cette voie qui est celle du Beau et du Sublime par la Nature.

Il n'y a donc à suivre, dans les Arts, comme dans les Lettres, que les seuls et immortels chefs-d'œuvre des Anciens. Les Anciens nous apprennent tout. Il est d'ailleurs si facile, si doux de les aimer ! Ils sont si beaux, ils ont si bien la sagesse divine, la véritable raison ! Il semble que Dieu les ait inspirés pour notre bonheur.

Puis il fait suivre cette invocation de vues pratiques, réclamant de la sévérité dans le choix des professeurs de dessin, non seulement pour les Écoles des Beaux-Arts, mais pour les lycées et les grandes Écoles.

Dans un paragraphe suivant, il s'indigne contre la protection insuffisante des beaux monuments que l'histoire des siècles a laissés sur notre sol et demande le secours de l'État. A ce point de vue, Ingres reconnaîtrait que nous sommes en progrès aujourd'hui.

A propos des églises, il s'élève contre le mauvais goût à peu près général des prêtres.

Jamais ils ne sont plus contents que lorsqu'ils voient leurs monuments bien blanchis ou encombrés, au lieu des anciens ornements qu'ils possédaient, d'une multitude d'accessoires sans caractère et sans dignité, lustres de salon, fleurs en papier, figurines de cire, etc... Il serait urgent qu'on leur imposât l'obligation de ne rien supprimer de ce qui subsiste du passé et de se conformer à de meilleurs exemples dans le choix des vases sacrés et des autres objets du culte ou des embellissements décoratifs.

Pour les églises nouvelles, Ingres demande qu'il

n'en soit plus élevé aucune dans « le style dit gothique ». Il préfèrerait qu'on suive le plan et le caractère des premières églises bâties par Constantin « pour conserver les données primitives et les héroïques traditions ».

Il envisage ensuite la question des musées, du Louvre en particulier. Il a toujours eu pas mal de défiance envers les conservateurs. Il leur reproche, outre des erreurs de goût personnelles, l'éclectisme que leur fonction rend en partie obligatoire.

Il voudrait les « voir responsables de toute atteinte au culte sacré de l'Art, de tout abaissement du goût » et même de « toute méprise de l'opinion » pour les obliger « à bien réfléchir au choix des objets qu'ils mettent sous les yeux du public. Le public, lui, ne choisit pas ; il accepte ce qu'on lui donne, il est innocent des mauvaises impressions qu'il reçoit. Malheur donc à qui le tromperait en lui montrant autre chose que ce qui exprime absolument le Beau ! »

Pour l'organisation même des musées, Ingres demande qu'au lieu de se succéder à perte de vue et d'être accrochés comme des tapisseries sur les murs d'une immense galerie, les tableaux « occupent des salles dans lesquelles on établirait des compartiments pour les maîtres de chaque école, en commençant par les plus vieux ».

Sachant bien que l'Art n'est pas fait pour se passer de l'ambiance de la vie et de la logique de l'utilité, il veut que l'on répartisse les tableaux français du XVIIe siècle dans les églises de Paris pour lesquelles ils ont été faits.

Élève reconnaissant, il suggère qu'une salle soit consacrée entièrement à David, au « grand maître régénérateur de l'école française ».

Enfin, il exige par respect pour le Beau qu'on ne voie plus au Louvre le *Naufrage de la Méduse*, « ni d'autres œuvres de ces artistes de passage, dignes seulement d'occuper un moment le public ignorant ou peu instruit, le public des mélodrames », qu'on allège les galeries des œuvres secondaires et qu'on s'applique à compléter les collections avec les talents de premier ordre.

Au sujet des Salons et des Jurys, il exprime les sentiments qu'il a maintes fois manifestés. Il désire la fermeture de ces foires à tableaux et n'est pas partisan des récompenses. Pour les achats et les commandes de l'État, Ingres les limite « au genre de la Haute Histoire », laissant « aux simples particuliers, aux amateurs, le soin de ce qu'on appelle proprement le genre : tableaux de mœurs familières, scènes modernes, fruits et fleurs, nature morte, etc... Quant aux artistes qui, sans être supérieurs, méritent l'intérêt, il pourra (l'État) les employer soit à multiplier les copies des chefs-d'œuvre (et on n'en aura jamais trop), soit à seconder les maîtres dans l'exécution de leurs grands travaux. »

Les dernières pages du mémoire concernent la musique et la danse :

L'enseignement du chant est mal exercé aujourd'hui. Ceux qui en donnent des leçons se trompent en voulant faire un art à part, consistant tout entier dans la force, dans le développement de la voix de poitrine, dans l'émission, s'il se peut, de ce fameux *ut* que quelques privilégiés ont mis à la mode et qui fait pâmer d'admiration les sots.

... La voix ! Mais est-ce donc tout ? Est-ce qu'il n'y a que le chanteur dans la musique, comme semblent le croire ces frivoles amateurs qui, lorsqu'on monte un chef-d'œuvre, ne songent pas au génie de celui qui l'a créé et ne s'informe que de la prima donna, du ténor et de la basse !

Autres reproches au sujet des décors, des machines, des costumes, des « feux à incendier le théâtre », enfin « des diverses curiosités de ce qu'on appelle la mise en scène, tout cela est fort beau sans doute, mais tout cela tient trop de place. Les intentions du compositeur sont écrasées sous ce luxe ; son génie ou son talent, la première chose à montrer pourtant, disparaît presque sous l'éclat de ces effets tout matériels, si bien que le spectateur entend pour ainsi dire sans écouter et sent bien moins qu'il ne regarde ».

Rencontrant la pensée d'Auguste Comte dans le culte des grands hommes, Ingres demande en outre que le jour d'une représentation « le buste de l'auteur, placé de côté auprès de l'avant-scène, s'offre à la vue du public pour entretenir ses souvenirs, pour stimuler sa reconnaissance, et pour venger au moins par les hommages de quelques-uns, une mémoire bien autrement glorieuse que la virtuosité d'un chanteur ou d'un récitant. »

Sur la danse et les danseurs, les observations d'Ingres sont sévères :

Je ne suis pas ami de la danse, et je pense comme ce roi d'Aragon qui disait qu'un fou ne diffère d'un homme qui danse que parce que celui-ci reste moins longtemps dans sa folie. Les Anciens qu'il faut toujours citer là où il s'agit de bon goût et de bon sens, attachaient, il est vraî, du prix à la danse ; mais ils n'admettaient pas qu'elle fût exécutée par d'autres que par des femmes, par des danseuses vêtues de belles et gracieuses draperies, de longues robes souples, ainsi que nous l'apprennent les admirables peintures des vases et les bas-reliefs. On ne voit figurer d'hommes que dans les Bacchanales, et ce sont des bacchants ou des satyres. En Italie même, la danse de théâtre a encore sa signification et sa grâce dans ces pantomimes qu'on ferait bien d'imiter, et où tout se borne à des attitudes, à des mouvements réglés, comme les cris rythmés du chœur antique. Mais que dire de ce qu'on nomme chez nous *divertissement* ou *ballet ?* Nous y voyons des malheureuses défigurées par leurs efforts, rouges, enflammées de fatigue, et si indécemment fagotées que, nues, elles seraient plus modestes. Elles font des gambades de saltimbanques, des sauts, des pirouettes à n'en plus finir ; leurs entrées et leurs sorties sont sans motif, leurs mouvements privés de toute expression, de toute pantomime ; enfin, ces femmes, aussi charmantes que d'autres, s'évertuent à se rendre ridicules ou désagréables, et n'offrent en réalité qu'un spectacle absurde. C'est bien pis encore quand ce sont des hommes, des danseurs. Oh ! je n'ai pas d'expression pour traduire le dégoût que ceux-là m'inspirent ; aussi je propose tout uniment l'abolition totale de leur sot métier. — Mais à ces paroles tout s'émeut dans le camp des amateurs, les dilettanti prennent l'alarme ils protestent. Rassurez-vous ! messieurs, vous ne perdrez rien ; vous aurez toujours vos danseurs et vos danseuses ; vous aurez aussi votre *ut* de poitrine, et il arrivera de moi, comme il est arrivé de Cassandre : on ne m'écoutera pas.

Cet exposé critique se termine sur ces mots :

Si le gouvernement adopte les idées que je lui présente, j'en serai heureux parce que pour moi, Français de cœur, il y aura là un progrès profitable à mon pays. Sinon, ne voulant rien céder, rien abandonner de mes justes croyances, je me tairai avec la douleur de n'avoir pu servir quant à présent la cause immortelle du Bien et, pendant le peu de jours qui me restent encore, j'attendrai triste, mais calme, le moment suprême.

La mort a déjà frappé autour d'Ingres parmi ses plus chères amitiés : Gilibert, Hippolyte Flandrin, M. et Mme Marcotte.

« A la première occasion, dit-il, je casserai comme le verre » et il prend ses précautions pour que tout soit en ordre ce jour-là. En octobre 1866, il liquide lui-même une grande partie de son atelier, une trentaine d'études peintes et quarante-quatre dessins qu'il vend pour cinquante mille francs à son ami le marchand de tableaux Haro.

Aux vacances de la même année qu'il est allé passer à Meung-sur-Loire, il écrit, par une magnifique journée d'août, son testament. Il lègue la presque totalité de ses dessins à la ville de Montauban. Ce legs ne fait que compléter une donation déjà ancienne remontant à 1851.

A cette époque en effet Ingres était seul et découragé depuis la mort de sa première femme. Ne prévoyant peut-être pas que de nombreuses années lui restaient à vivre, il rassembla la presque totalité de la petite collection qu'au cours de sa vie il avait formée et envoya à Montauban cinquante-quatre vases grecs et étrusques, enfin les gravures de ses œuvres diverses.

Le tout fut exposé sous le nom de Musée Ingres à la suite d'un modeste musée municipal. L'aménagement en fut opéré dans l'appartement de Mgr Le Tonnelier de Breteuil. Autrefois Ingrou avait joué là avec son père le duo de *La Fausse Magie* et connu par un enfantin succès comme un avant-goût de la gloire.

La pensée qu'après sa mort la part la plus féconde de son œuvre, ses dessins, se retrouverait en compagnie de quelques objets familiers avec lesquels il avait vécu, dans ce cadre si cher à sa mémoire, lui est douce. Par delà le tombeau il sent qu'il se prépare une retraite sûre dans laquelle ne pénètreront jamais que des amis, d'une part des Montalbanais avec lesquels les liens du sol le rattachent, et peut-être encore quelques étrangers épris de son art, quelques pèlerins qui, ayant suivi le sillage de son œuvre solennelle et sensible viendront, en fin de compte, dans ce sanctuaire pour le comprendre plus avant et l'aimer davantage.

Ingres lègue donc, outre les dessins d'études, au Musée Ingres, le restant de ses collections, des figurines grecques, des petits tombeaux étrusques en terre cuite, des fragments antiques de marbre et de bronze, une suite de médailles des XIVe, XVe et XVIe siècles, les unes en bronze, les autres seulement moulées, des estampes d'après la peinture, la sculpture, l'architecture, le buste de Madeleine Ingres et le sien, les portraits dessinés de sa famille et de ses amis. Il donne ses livres, ses partitions, son violon, son bureau, son fauteuil.

Il exige qu'au-dessus de son bureau on place un petit portrait de Raphaël jeune, ceux de son père et de sa mère, et qu'on groupe encore auprès d'eux à la fois ses parents et ses amis au nombre desquels il compte Haydn, Mozart, Glück, et Beethoven. Sur le bureau même il veut que demeurent l'*Iliade* et *l'Odyssée*, tant de fois feuilletées et relues dans la traduction de Bitaubé.

Ayant soigneusement spécifié tout cela, Ingres prend son cher violon et joue pour lui seul une sonate de Mozart...

Mozart, Glück, Beethoven, c'est avec eux qu'il communie une dernière fois dans le culte de l'Art avant de quitter ce monde.

Le 8 janvier 1867, il fait jouer leurs œuvres devant quelques amis par les plus illustres soli du Conservatoire.

Et comme on l'en prie, il les interprète lui-même. Sincèrement ou par flatterie, on lui dit qu'il est un virtuose ; il secoue violemment la tête :

— Non.

Il ajoute :

— ...mais j'appuie sur la bonne note.

On vante la sensibilité du maître et Mme Delphine Ingres, en souriant en donne une preuve nouvelle. Son illustre mari use ses pinceaux jusqu'aux derniers poils, puis, leur ayant donné un délicat baiser d'adieu, il les brûle. L'un d'eux, tout petit, arrivé à cette extrémité sembla lui dire : « Oh ! Laisse-moi quelques heures de grâce ! Peut-être bien que tu pourras faire encore quelque chose de moi. »

« Je l'ai écouté, reprend le maître, et j'en ai peint toute une tête excellente : mon meilleur morceau peut-être... »

Vers minuit les invités partent. Il fait très froid. On est en janvier. Ingres reconduit toutes les femmes en grande toilette et les enveloppe lui-même de leurs fourrures. Le vieux maître est en habit et reste dans la porte ouverte, exposé au courant d'air. On le gronde, on le presse de rentrer .

Il répond :

« Ingres vivra et mourra le serviteur des dames. »

Tout son monde parti, il se couche dans sa chambre bien chaude. Dans la nuit, un tison enflammé roule sur le parquet. Il est réveillé par une épaisse fumée. Saisi à la gorge, il tousse et, se levant précipitamment, il ouvre en grand la fenêtre. Avant de se recoucher, il jette les yeux sur un calque qu'il a fait la veille d'après Giotto.

Le matin, il a une grosse fièvre et la poitrine oppressée.

Les médecins diagnostiquent une pneumonie double. La maladie dure six jours. M. Ingres, muni des sacrements de l'Église, expire le 14 janvier, à une heure du matin.

On l'enterre au Père-Lachaise auprès de sa première femme dans un modeste tombeau qui fut orné ensuite d'une stèle et d'un buste aussi platement académique que possible. Qu'importe ! La dernière demeure de M. Ingres n'est pas là. Et si son âme erre encore sur cette terre, ce n'est point dans le voisinage des morts, c'est sans doute dans le silence des musées où la vie reste tracée par les maîtres.

FIN.

ACHEVÉ D'IMPRIMER
LE 18 NOVEMBRE 1930
PAR F. PAILLART, A
ABBEVILLE (SOMME)

COLLECTION " VIES DES HOMMES ILLUSTRES "

FRANZ LISZT, par G. de Pourtalès. — **TALLEYRAND**, par J. Sindral. — **LAZARE HOCHE**, par G. Girard. — **MONTAIGNE**, par J. Prévost. — **HENRI IV**, par P. de Lanux. — **HOFFMANN**, par J. Mistler. — **CHOPIN ou LE POÈTE**, par G. de Pourtalès. — **DISRAELI**, par A. Maurois. — **DICKENS**, par G. K. Chesterton. — **CYRANO DE BERGERAC**, par L.-R. Lefèvre. — **STENDHAL**, par P. Hazard. — **DELACROIX**, par P. Courthion. — **GŒTHE**, par J.-M. Carré. — **ALEXANDRE DUMAS PÈRE**, par J. Lucas-Dubreton. — **BARON LOUIS**, par C.-J. Gignoux. — **FERNAND CORTÈS**, par J. Babelon. — **BEAUMARCHAIS**, par R. Dalsème. — **LA FAYETTE**, par Jacques Kayser. — **SCHUBERT**, par P. Landormy. — **JOHN KEATS**, par A. Erlande. — **ATTILA**, par M. Brion. — **LOUIS II**, par G. de Pourtalès. — **GOYA**, par E. D'Ors. — **LOUIS PASTEUR**, par H. Drouin. — **CHATEAUBRIAND**, par M. Rouff. — **MARÉCHAL DE RICHELIEU**, par R. Honnert et M. Augagneur. — **CROMWELL**, par J. Drinkwater. — **STEVENSON**, par J.-M. Carré. — **PHILIPPE II**, par J. Cassou. — **BEETHOVEN**, par E. Herriot. — **SAINT LOUIS**, par J. Boulenger. — **MOLIÈRE**, par R. Fernandez. — **CLAUDE MONET**, par M. de Fels. — **VATEL**, par J. Moura et P. Louvet. — **SŒURS BRONTË**, par E. et G. Romieu. — **WILLIAM COBBETT**, par G. K. Chesterton. — **MADAME DE MAINTENON**, par G. Truc. — **SAINT-JUST**, par E. Aegerter. — **SCARRON**, par J. Jérôme. — **GRACCHUS BABEUF**, par Ilya Ehrenbourg. — **ELISABETH ET LE COMTE D'ESSEX**, par Lytton Strachey. — **THEOPHRASTE RENAUDOT**, par ***********. — **VAUVENARGUES**, par P. Richard. — **BAKOUNINE**, par H. Iswolsky. — **BOUGAINVILLE**, par J. Dorsenne. — **WALT WHITMAN**, par C. Rogers. — **EURIPIDE**, par M. Delcourt. — **RAMSÈS II**, par C. Parain. — **ARMAND CARREL**, par R. G. Nobécourt. — **FRANÇOIS PIZARRE**, par L. Baudin. — **GEORGE ELIOT**, par E. et G. Romieu. — **AMBROISE PARÉ**, par C. d'Eschevannes. — **SIMON BOLIVAR**, par G. Lafond et G. Tersane. — **GÉNÉRAL YUSUF**, par M. Constantin-Weyer. — **CHRISTOPHE COLOMB**, par J. Wassermann. — **ALARIC**, par M. Brion. — **HAROUN-AL-RASCHID**, par G. Audisio. — **GRIMOD DE LA REYNIÈRE**, par P. Bearn. — **ROBERT BROWNING**, par G. K. Chesterton. — **NOSTRADAMUS**, par J. Moura et P. Louvet. — **BENJAMIN CONSTANT**, par L. Dumont-Wilden.

www.ingramcontent.com/pod-product-compliance
Ingram Content Group UK Ltd.
Pitfield, Milton Keynes, MK11 3LW, UK
UKHW020242180726
13839UKWH00001B/129